섭리하심

p r o v i d e n c e

섭
리
하
심

내 삶 곳곳에 감추어진 하나님의 손길

김다위 지음

규장

믿음의 풍성한 유산을 물려주신,

사랑하는 나의 아버지, 어머니께

깊은 감사와 사랑을 담아 이 책을 바칩니다.

일러두기

- 이 책에 나오는 저자의 간증 일부는 저자의 부친인 김외식 목사의 《나의 삶과 목회》 에피소드 중에서 발췌 정리한 것이다.
- 본문에 실린 외국시는 저자가 직역하였다.

살아계신 하나님,
그분의 인도하심은 지금도 계속되고 있다!

사람들은 묻습니다. "하나님은 존재하는가?", "하나님은 세상을 다스리시는가?" 어떤 사람은 의심하고 어떤 사람은 확신합니다. 그런데 김다위 목사님은 "이미 모든 것을 예비하신 여호와 이레의 하나님", "질병을 치유해주신 여호와 라파의 하나님", "감찰하시는 전능자, 엘 로이의 하나님", "거기에도 계셨던 여호와 삼마의 하나님", "오직 한 분이시며 삼위로 존재하시는 하나님", "일상에 함께하시고 역사하시는 하나님"이라고 고백합니다. 구체적인 삶에서 하나님을 그렇게 경험하였기 때문입니다.

이 책은 김다위 목사님이 자신과 가정, 부모님, 그리고 교인들의 평범해 보이는 삶 가운데 자신을 드러내신 하나님의 숨결과 손길에 대한 이야기입니다. 이처럼 자신의 삶에서 하나님의 섭리를 찾는 일은 말할 수 없이 영광스러운 일이고 흥분이 될 정도로 놀라운 일입니다.

김다위 목사님은 그가 경험했던 한 사건 한 사건을 통하여 하나님을 더 깊고 친밀하게 알게 되었다고 했습니다. 그러면서 사람을 보는 눈이 바뀌어졌고, 목회관이 새로워졌으며, 하나님의 부름에 대한 눈이 새롭게 열렸다고 고백합니다.

과부를 보면 할머니 생각이 나고, 자녀를 잃은 부모를 보면 나의 아버지, 어머니가 생각이 난다. 형제를 잃은 사람을 보면 나의 누님들이 생각난다. 그들의 아픔은 나와 결코 무관하지 않다. 예수님께서 목자 없는 양떼 같은 이스라엘을 보시며 측은한 마음을 가지셨던 것처럼, 그 긍휼의 마음이 내게 부어졌다. (본문 중에서)

주님은 나를 '게임 중독자'에서 이제는 '예수 중독자'로 바꾸셨다. 그리고 게임에 쏟았던 열정과 에너지를 말씀 연구와 묵상과 신학 공부에 매진하게 하셨다. 그리고 이제는 나 자신이 먼저 나는 죽고 예수로 살며, 예수님과 항상 동행하고, 그럼으로써 다른 이들을 예수님을 따르는 제자로 세우고, 그들이 또한 다른 제자를 세울 수 있도록 인도하신다. 그러한 공동체를 세우게 하시고, 사탄에게 빼앗긴 하나님나라의 영토를 되찾는 일에 헌신하도록 이끄신다. (본문 중에서)

이 책의 첫머리에 김다위 목사님은 심각한 호흡 곤란으로 병원에 입원하였을 때 들었던 주님의 말씀을 기록하고 있습니다.

"다위야, 너의 한계를 인정할 때 진정한 평강이 임한다. 내가 너에게 생명과 호흡을 준 것이다. 그러니 나를 온전히 인정하고 따르렴. 내가 너를 친히 가르칠 것이다."

이로써 김다위 목사님에게 살아계신 하나님의 인도하심은 현재 진행형임을 알 수 있습니다. 그의 고백대로 여기에 담긴 이야기는 이제 시작일 뿐입니다. 주님이 부르시는 그 날까지 항상 하나님과 동행하였던 에녹과 같이 김다위 목사님의 삶과 목회 현장 가운데 구체적으로 섭리하시는 하나님의 손길을 더 많이 경험하고, 누리고, 세상에 나누며 증거하게 되기를 기대합니다.

김다위 목사님의 이야기를 읽는 가운데 사람들은 자신의 삶에서도 역사하신 하나님과 하나님의 섭리를 깨닫게 됩니다. 저자가 성경 말씀을 통하여 그렇게 안내해주고 있습니다. 그 점이 너무나 귀하고 감사한 일입니다. 그가 정말 탁월한 설교자요 진정한 목회자임을 알 수 있습니다.

유기성 | 선한목자교회 원로목사, 위드지저스미니스트리 이사장

한 조각 퍼즐과 같은
나의 하나님나라 이야기

2022년 9월 여름이 지나고 가을이 찾아올 무렵, 나는 산소호흡기를 낀 채 병실에 누워 있었다. 소중한 생명을 앗아간 코로나19. 당시 나는 뒤늦게 코로나19에 감염이 되었고, 그 후유증 때문인지 어느 날 가슴 통증이 느껴지고 숨이 가빠지면서 숨을 제대로 쉴 수가 없었다. 동네 의원에 갔더니 의사 선생님이 얼른 큰 병원에 가서 정밀 진단을 받고 치료를 받아야 한다고 하셨다. 결국 3박 4일간 병원에 입원하게 되었다. 폐기능 검사 결과 숨을 절반밖에 쉬지 못하는 상황이었다.

무엇을 깨닫기 원하시나요?

병실에 누워 팔에 여러 바늘이 꽂히고 산소치료제를 쓰고 누워 있을 때 '아… 사람이 이렇게 죽을 수도 있겠구나' 싶었다. 늘 고백했던 말이지만, 생명이 주님께 있음을 절감했던 순간이다. 그때 병원에서 치료를 받으며 주님께 기도하며 물었다.

"주님, 저에게 가르쳐주십시오. 제가 무엇을 깨닫기 원하십니까?"

그때 주님이 깨닫게 하신 것들 중에 하나가 주님과 함께 숨쉬는 성령의 호흡이요, 또 하나가 바로 하나님의 섭리였다. 섭리는 하나님의 뜻에 따라 온 세상을 다스리시는 보이지 않는 하나님의 손이라고 할 수 있다. '왜 어떤 이는 병을 얻어도 살고, 어떤 이는 죽는가?', '왜 하나님은 어떤 이는 건져주시고, 어떤 이는 죽게 하시는가?', '사는 것만이 섭리이고, 죽는 것은 섭리가 아닌가?'

아무래도 병실에 있다보니 삶과 죽음을 자연스레 묵상하게 되었고, 삶과 죽음을 가르는 기준이 무엇인지 되돌아보게 되었다. 동시에 사람은 그저 호흡을 제대로 하지 못하면 죽을 수밖에 없는 미약한 존재임을 다시금 깨달았다. 마치 사람에게 한계가 없는 것처럼 이리 뛰고 저리 뛰어도 호흡이 멈추면 모든 삶이 그 자리에서 정지될 수밖에 없다. 이 호흡을 넣어주신 분이 주님이시고, 그 호흡이 바로 프뉴마(πνεῦμα), 즉 성령이시다.

병실 침대에 누워 고요히 기도할 때 성령께서 이런 마음을 주셨다.

"다위야, 너의 한계를 인정할 때 진정한 평강이 임한다. 내가 너에게 생명과 호흡을 준 것이다. 그러니 나를 온전히 인정하고 따르렴. 내가 너를 친히 가르칠 것이다."

병실에서 보낸 3박 4일의 시간 동안 삶과 죽음 속에 숨겨진 하나님의 섭리를 느끼고 돌아왔다. 이 나흘의 시간은 나의 인생에 섭리하시는 하나님의 손을 붙잡고, 다시 주님과의 비범한 여정을 시작하는 계기가 되었다.

내 삶에 섭리하시는 하나님

하지만 여전히 많은 이들은 하나님의 존재조차 믿지 않는다. 설령 하나님의 존재를 믿는다 하더라도, 하나님은 이 세상에서 역사하지 않는다고 믿는 이들도 있다. 미국에서 이민 교회를 섬기고 있을 때 나는 하나님의 섭리에 의문을 품은 한 고등학생과 대화를 하게 되었다. 그 남학생이 가진 의문은 이것이었다. 자신이 보기에 하나님이 존재하는 것 같지만, 하나님은 이 세상에 직접 관여하지는 않는 분 같다는 것이다. "왜 그렇게 생각하니?"라고 물으니 그는 이렇게 답했다.

"하나님이 이 세상에 간섭하신다면, 이 세상에 수많은 고통은 왜 있는 것일까요? 전쟁, 폭력, 가난, 전염병 등등. 차라리 하나님이 안 계신다고 믿거나, 계시더라도 세상을 그저 지켜보는 분이라고 믿는 것이 합리적인 결론인 것 같아요."

나는 그때 바로 이것이 당시 미국 십대들 사이에서 급속히 퍼져나가고 있던 도덕적 치료적인 이신론(Moralistic Therapeutic Deism, 이하 MTD)이라는 것을 알아차렸다. MTD는 미국의 종교 사회학자인 크리스천 스미스(Christian Smith)가 쓴 《Soul Searching》(영혼 탐색하기)라는 책에 소개된 개념이다. 그는 교회를 다니는 십대들을 비롯해서 대다수 십대들의 신앙이 도덕적이고 치료적인 이신론이라는 결론을 내렸다. 이신론(理神論)이란, 시계공이 시계를 만들어놓고 더 이상 시계에 관여하지 않는다는 눈먼 시계공의 비유처럼, 신은 존재하지만 이 세상에 간섭하지 않는다는 신앙을 가리킨다.

그런데 이 이신론에 덧붙여서 십대들은 도덕적, 치료적인 관념을 추가시켰다는 것이다. 그들은 도덕적으로 좋은 사람이 되는 것이 중요하다고 생각하며 착한 행동을 통해 천국에 갈 수 있다고 믿는다. 또한 삶의 보편적 목적은 행복, 그리고 자신이 좋게 느끼는 것이라고 여긴다. 물론 이것이 전 세계의 보편적인 현상은 아니다. 무신론자들이 더 많고, 착하게 살아야 한다고 생각하지 않는 이들도 많다. 그러나 하나님을 믿는다고 하는 이들 중에서 사실상 세상에 관심이 없는 하나님, 아니 적어도 자신의 삶에 관여하지 않는 하나님으로 여기는 이들이 많다는 점은 참으로 안타까운 일이 아닐 수 없다.

그때 이후로 나는 그 학생을 비롯한 십대들의 영적 상태에 더 많은 관심을 가지고 기도하게 되었다. 그리고 어떻게 하면 그들에게 하나님의 살아계심과 우리 삶에 역사하심을 드러낼 수 있을지 더욱 고민하지 않을 수 없었다.

사실 예레미야도 한때 악의 문제, 악인의 형통을 보고 의문을 가졌다.

여호와여 내가 주와 변론할 때에는 주께서 의로우시니이다 그러나

내가 주께 질문하옵나니 악한 자의 길이 형통하며 반역한 자가 다 평안함은 무슨 까닭이니이까 렘 12:1

하나님의 진실된 선지자였던 예레미야조차 악인의 길이 형통한 것을 보고 하나님께 의문을 품었을 정도였다. 따라서 젊은 세대의 신앙관을 탓할 것이 아니라, 신앙인들이 하나님의 살아계심과 섭리하심을 삶으로 증거할 수 있어야 한다.

나의 작은 이야기

이 책은 바로 그런 고민과 기도 끝에 나오게 되었다. 하나님의 섭리를 증거할 수 있는 좋은 방편은 바로 삶의 이야기다. 모든 인생은 하나님의 이야기 안에 담겨 있다. 어떤 인생도 가치 없는 인생은 없으며, 하나님의 이야기 안에서 전부 소중한 이야기다. 우리의 삶은 하나님과 동행하며 하나님께로 나아가는 여정이다. 그 여정에는 기쁨도, 슬픔도, 즐거움도, 고통도 있기 마련이다.

다윗을 비롯한 시편 기자들은 자신들의 삶의 여정에 섭리하신 하나님의 손길을 다양한 은유를 통해 표현하였다. 특히 다윗에게 하나님은 반석이요, 피할 바위요, 구원의 뿔이요, 피난처가 되어주셨다. 우리는 다윗의 이야기를 통해 하나님의 이야기를 듣게 되고, 동시에 우리의 이야기를 돌아보게 된다. 지금 시대는 흑과 백, 내 편과 남의 편으로 갈라져서 다른 이들의 이야기를 들으려 하지 않고, 나와 다르면 다르기보다 틀렸다고 하는 시대이다. 하지만 이럴 때일수록 나와 다른 이들의 이야기도 들을 수 있는 귀가 열려 있어야 한다. 나와 다른 이들의 삶 속에도 하나님의 보이지 않는 손길이 숨겨져 있기 때문이다.

그런 점에서 나의 이 작은 이야기는 하나님의 이야기 속에 담긴 지극히 부분적인 이야기다. 이 이야기는 절대화하거나 모든 이들에게 일어난다고 일반화할 수도 없다. 동시에 독자들의 삶의 이야기와 다르다고 해서 틀렸다고 매도하지 않았으면 좋겠다. 여기에는 나와 우리 가정, 부모님 그리고 내가 섬겼던 이들의 평범한 삶 속에 자신을 드러내신 하나님의 숨결과 손길이 기록되어 있다. 하나님나라 이야기의 작디작은 한 조각의 퍼즐과 같은 이야기다.

이미 모든 것을 예비하신 여호와 이레의 하나님, 질병을 치유해주신 여호와 라파의 하나님, 감찰하시는 전능자, 엘 로이의 하나님, 거기에도 계셨던 여호와 삼마의 하나님 등 오직 한 분이시며 삼위로 존재하시는 하나님은 다양한 방식으로 우리 일상에 함께하고 역사하고 계신다. 이 하나님의 이름들은 당신의 백성들의 구체적인 삶에 섭리하신 역사를 구체적인 명사, 형용사로 표현한 것이다.

그러나 이것이 하나님의 전부는 아니다. 나는 하나님의 지극히 일부, 그분의 손길만 느껴보았을 뿐이다. 이제 내 안에 성령으로 오신 주님과 함께 더욱 친밀한 교제를 나누고 싶다. 나의 이야기는 이제 시작일 뿐이다. 주님이 부르시는 그 날까지, 하나님과 동행했던 에녹처럼 내 삶에 구체적으로 섭리하신 하나님의 손길을 더 많이 경험하고 누리고 세상에 나누며 증거하고 싶다.

이 책이 출간되기까지 도와주신 많은 분들께 감사드리고 싶다. 먼저 평생 하나님과 동행하시며 신앙인의 삶이 무엇인지 삶으로 보여주시고 믿음의 유산을 물려주신 아버지와 어머니, 남편을 늘 내 편이라고 믿어주며 지지해주는 사랑하는 아내와 장인, 장모님, 사랑하는 가족들, 존경하는 유기성 원로목사님과 박리부가 사모님, 몇 년 전부터 책 출간을 제의해주시고 기도와 격려를 아끼지 않으신 규장의 여진구 대표님, 사랑하는 선한목자교회 목사 공동체, 교직원 및 장로님들을 비롯한 신실한 교우들과 중보기도팀, 지난 8년간 부족한 자를 인내하며 사랑해준 캔자스 한인중앙감리교회 교우들께도 감사드린다.

무엇보다 나의 나 된 것은 모두 하나님의 은혜라. 나의 왕 되신 하나님께 모든 영광을 올려드린다.

김다위

차례。

p r o v i d e n c e

1부

나는
하나님의 섭리를
믿는다

하나님의 섭리가 있다.

너희는 옛적 일을 기억하라 나는 하나님이라 나 외에 다른 이가 없느니라
나는 하나님이라 나 같은 이가 없느니라 내가 시초부터 종말을 알리며
아직 이루지 아니한 일을 옛적부터 보이고 이르기를 나의 뜻이 설 것이니
내가 나의 모든 기뻐하는 것을 이루리라 하였노라 사 46:9-10

나는 하나님의 섭리를 믿는다. 섭리(攝理, providence)라는 단
어는 보통 '자연의 섭리'라는 표현으로 종종 사용된다. 국어사전
에서 '섭리'를 찾아보면 "자연계를 지배하고 있는 원리와 법칙"이
라고 되어 있다. 그러나 기독교에서는 섭리를 세상과 우주 만물
을 통치하고 다스리는 하나님의 뜻이요 의지라고 이해한다. 하
나님은 당신의 백성과 언약을 맺으시고 그 언약을 성취하시기 위
해 역사 속에서 구체적인 활동들을 행하시는데, 그것이 바로 섭
리다.

'섭리'라는 뜻의 영어 단어 'providence'는 "제공하다"라는

'provide'(라틴어 provere)에서 유래되어 "예견하다"라는 뜻이다. 이에 해당하는 헬라어 단어인 '프로노이아'(πρόνοια)는 "미리 생각하다"(forethought)라는 의미다. 즉 하나님은 미리 생각하시고 예견하셔서 미래의 목표, 목적을 달성하기 위해 행하시는 분이다. 그래서 섭리라는 단어는 '예견'의 의미를 넘어서서 바람직한 미래 결과를 확보하는 데 필요한 준비, 관리, 감독을 뜻하는 의미로 사용하게 되었다. 따라서 하나님의 섭리는 하나님이 창조하신 모든 만물이 본래 창조된 목적대로 존재하고 살아갈 수 있도록 그 만물을 보존하고 보살피며 다스리는 것과 관련이 있다. 하나님은 그분의 뜻대로 만사를 미리 조정하신다.

섭리의 지배

놀랍게도 섭리(攝理)의 한자를 보면, '攝' 자는 扌(손 수)와 聶(잡을 섭)이 합쳐져서 "다스리다", "잡다", "당기다"의 의미로 쓰인다. 이 손(扌)이 다름 아닌 보이지 않는 '하나님의 손'이 아니겠는가? 하나님의 손이 그분의 뜻에 따라 세상만사를 붙들고, 당기고, 다스리신다는 뜻이다. 이 하나님의 손이 닿지 않는 곳은 없다.

'聶' 자에는 耳(귀 이)가 세 개 붙어 있다. 따라서 세 개의 귀로 세상의 모든 소리를 듣는다는 뜻이 된다. 하나님은 사람의 모든 말에 귀 기울이시며 혀의 말을 알지 못하시는 것이 하나도 없으시다(시 139:4). 한편으로 이 섭(聶)을 사람의 편에서 해석해보면 또 다른 의미로 다가온다. 사람에게는 두 개의 귀가 있다. 그런데 섭(聶) 자에 세 개의 귀가 있다는 말은 사람의 세 번째 귀라고 할 수 있는 '영의 귀'를 열어 이 세상을 다스리시는 하나님의 뜻과 음성에 귀 기울이라는 뜻으로도 해석할 수 있다.

'理' 자는 玉(옥)과 里(리)가 합쳐진 것으로 "이치", "도리"를 뜻하며 '리'라고 읽는다. 만사에 하나님의 숨겨진 이치와 도리가 담겨 있다는 뜻이다.

미국의 제1차 대각성 운동을 경험하였던 조나단 에드워즈(Jonathan Edwards)는 그의 책 《구속사》에서 하나님의 섭리를 이렇게 묘사하였다.

하나님의 섭리의 활동들은 아무 관련성이나 의존성 없이 별개로 분리되어 있거나 뒤죽박죽 혼잡한 상태에 있지 않습니다. 무수한 돌덩이, 무수한 나무 조각이 있으나 그것들은 모두 오직 하나의 건물을 짓기 위해 서로 연결되어 있고 적절히 자리 잡고 있습니다. 그것들은 모두 한 기초 위에 있고, 결국은 맨 꼭대기까지 서로 연결되어 있습니다. 하나님의 섭리는 다양한 지역에서 발원하여 무수한 지류를 갖고 있는 크고 긴 강으로 비유하는 것이 아주 적절할 것입니다… 대대로 세상 속에서 일어나는 다양한 변화와 변천 속에는 하나님이 추구하는 목적과 하나님이 이루시는 계획이 분명히 포함되어 있습니다….

세상에서 일어나는 크고 작은 일에 우연은 없다. 모든 것이 하나님의 목적에 따라 움직이고 존재한다. 그러므로 하나님의 섭리는 신비 그 자체이다. 사람은 하나님이 아니기에 그분의 섭리를 온전히 다 깨달을 수 없다. 특별히 어떠한 사건이 벌어졌을 때, 당시에는 왜 이런 일이 벌어졌는지, 왜 그래야만 하는지 전혀 이해가 되지 않을 때가 많다. 그러나 하나님의 선하신 뜻을 신뢰해야 한다. 예수님께서 베드로의 발을 씻어주겠다고 하셨을 때, 베드로는 왜 주께서 자신의 발을 씻으시냐며 이해하지 못하였다. 이 때 주님이 말씀하셨다.

예수께서 대답하여 이르시되 내가 하는 것을 네가 지금은 알지 못하나 이 후에는 알리라 요 13:7

우리는 주님이 행하시는 섭리의 손길을 지금은 알지 못한다. 그러나 시간이 지나면 점차 깨닫게 된다. 세월이 지나고 고난의 흔적들이 몸에 배게 될 때, 세 번째 귀인 영의 귀가 열려서일까? 그제서야 사람은 시편 기자처럼 하나님의 인자하심과 인생에게 행하신 기적으로 인해 주를 찬송하게 된다(시 107:8).

성경적 섭리와 운명론

성경적 섭리와 운명론은 다르다. 힌두교의 바탕이 되는 운명론적 철학은 이 세상과 사람들에게 벌어지는 고난과 악은 불가피하고 필연적으로 발생하므로 인간이 할 수 있는 일은 없으며 그저 받아들일 수밖에 없는 무기력한 존재라고 주장한다. 물론 기독교 내에서도 하나님의 주권을 극단적으로 강조하는 사람들은 거의 운명론에 가까운 주장을 펼친다. 가령 구원받을 사람들은 이미 정해져 있으므로 우리가 복음을 전하지 않아도 구원받을 사람은 하나님께서 알아서 구원하신다고 믿는 것이다. '강한 결정론'이라는 이 주장은 오직 하나님의 행동만 남아 있고, 인간의 선택과 의지에 대한 여지는 없다.

그러나 내가 믿는 성경적 하나님의 섭리는 이런 것이 아니다. 하나님의 주권과 인간의 의지는 양립이 불가능한 것이 아니다. 예수님은 우리에게 복음을 전하라고 하셨고 제자를 삼으라고 하셨다. 우리에게 서로 사랑하라고 하셨고 악을 멀리하고 의를 구하라고 하셨다. 인간에게는 선과 악을 분별할 수 있는 내재된 능력은 없다. 그러나 선행적 은총으로 말미암아 인간은 선을 택할 수도 있고 악을 택할 수도 있는 의지가 주어졌다. 그 선택에 대한 책임은 인간에게 있다. 인간의 선택은 실재하며 유의미하다. 하나님은 우리가 그분의 뜻을 따라 선택하기를 원하신다. 에스겔서 18장 31-32절을 보자.

31 너희는 너희가 범한 모든 죄악을 버리고 마음과 영을 새롭게 할지 어다 이스라엘 족속아 너희가 어찌하여 죽고자 하느냐 32 주 여호 와의 말씀이니라 죽을 자가 죽는 것도 내가 기뻐하지 아니하노니 너희는 스스로 돌이키고 살지니라 겔 18:31-32

여기서 하나님의 뜻은 모든 죄악을 버리는 것, 스스로 돌이키 고 사는 것이다. 하나님은 죽을 자가 죽는 것도 기뻐하지 않으 신다. 하나님은 우리를 기계처럼, 마음대로 하실 수도 있지만 그 렇게 하지 않으신다. 하나님은 인격이시기에 우리도 인격적으로 대하신다. 하나님은 우리가 자발적으로 그분의 뜻을 따라 살기 를 원하신다. 하나님은 그분의 선재하신 은총으로 인간이 하나 님의 뜻을 따르도록 인도해주신다. 그러나 인간이 자신의 의지 로 하나님의 뜻을 따를 수도 있고, 거절할 수도 있다.

이 때 인간이 악을 선택한다면, 이것은 하나님의 선택이 아니 라 그들의 선택이다. 그럼에도 불구하고 하나님은 인간의 악에 대한 선택을 모르시지 않는다. 인간의 악에 대한 선택마저도 그 분의 주권 가운데 있다. 인간의 선택이 하나님의 뜻과 경륜을 막 지 못한다. 하나님께서 인간의 악을 조성한 것은 아니다. 하지 만 허용하심을 통해 그분의 뜻을 이루신다. 가룟 유다는 예수를 팔 생각을 가지고 행동하였다. 그 선택의 책임은 오롯이 유다에 게 있다. 그러나 하나님은 그 악을 허용하셔서 인류를 위한 십자가의 구속의 길을 여셨다.

결론적으로 하나님의 섭리하심은 인간의 선택을 배제하지 않는다. 단, 그 선택에 대한 책임은 인간에게 있다. 따라서 인간은 하나님의 뜻을 찾고 그 뜻에 따라 살며, 그 뜻을 선택하도록 힘써야 한다. 인간의 가장 중요한 의무는 하나님의 뜻을 찾고 그분의 뜻에 협력하는 일이다. 따라서 매 순간 우리의 생각과 행동과 선택이 중요하다. 그분의 뜻을 거스르는 선택은 하나님의 선택의 영역을 벗어난 피조물인 인간의 선택이다. 이것이 세상에 고난과 고통을 안겨준다. 그럼에도 불구하고 악에 대한 인간의 선택마저도 무한하시고 선하신 하나님의 주권 가운데 있다. 이것이 내가 믿는 성경적인 하나님의 섭리다.

하나님의 섭리, 우연 같은 필연

성경에는 하나님의 보이지 않는 섭리를 드러낸 이야기들이 많다. 예를 들어 사도행전 8장에 스데반의 순교 이후, 예루살렘에 박해가 시작되고 그리스도인들은 흩어지게 된다. 그런데 그 흩어진 사람들이 두루 다니며 복음의 말씀을 전하기 시작했다(행 8:4). 박해라는 고난이 오히려 온 유대와 사마리아에 복음이 전파되는 계기가 되었다. 그들을 흩어지게 한 원인은 박해처럼 보였지만, 하나님은 그 박해마저도 선으로 바꾸셔서 오히려 복음의 씨앗이 퍼져나가도록 섭리하셨다. 마치 복음의 씨앗을 흩뿌리듯이, 하나님은 그리스도인들이라는 씨를 흩뿌리셨고, 그들은 두루 다니며 복음의 씨앗을 심은 것이다. 이는 예수님께서 사도행전 1장 8절에 말씀하신 대로, 온 유대와 사마리아와 땅 끝까지 이르러 내 증인이 될 것이라는 약속의 말씀에 대한 성취의 시작이었다.

섭리에 대한 대표적인 이야기를 꼽으라면 창세기의 요셉과 에스더서를 들 수 있다. 두 이야기의 공통점은 하나님이 눈에 보이는 방식으로 그들의 삶에 나타나지 않으셨다는 것이다. 하나님께서 요셉과 함께하셨다는 표현은 있지만(창 39:23), 하나님께서 요셉에게 직접 나타나시거나 말씀하신 적은 없다. 심지어 에스더서에는 '하나님'이라는 단어가 한 번도 등장하지 않는다.

하지만 요셉에게 일어난 열두 단계의 사건과 에스더에게 일어난 일곱 단계의 사건들 중에서 단 하나라도 일어나지 않았다면, 요셉은 총리가 될 수 없었고, 에스더는 유대 민족을 구원할 수 없었을 것이다. 예를 들어 요셉이 보디발의 아내로부터 누명을 쓰고 감옥에 갇힌 곳이 왜 하필 바로의 술 맡은 관원장이 있던 그곳이었겠는가? 또 에스더서 6장에서 아하수에로 왕은 그 날 밤에 왜 잠이 오지 않았을까?

그래서 왕이 궁내 대신에게 읽게 한 것이 하필 역대 일기요, 그 중에서도 모르드개가 암살 음모를 밝히고 공을 세운 부분이었다. 그래서 왕은 모르드개의 공적을 치하하고 그를 높이게 된다. 우연처럼 보이는 이 사소한 사건들은 모두 하나님의 섭리였다. 즉 불면증조차 하나님의 섭리를 이루는 데 쓰인다는 것을 깨닫는다면 우리는 범사에 감사할 수 있다. 하나님의 섭리는 우연 같은 필연들이 모여 하나님의 뜻이 성취되는 것이다. 이것이 바로 보이지 않는 하나님의 섭리다.

그러나 이 하나님의 섭리는 단지 성경에서만 나타난 역사가 아니다. 이 섭리는 지금 21세기를 살아가는 우리 모두에게 일어나고 있다. 이제 나의 부모님과 내 삶에 역사하신 하나님의 섭리의 손길을 나누고자 한다. 하나님의 섭리를 보고 묵상하노라면, 하나님의 은혜와 사랑에 감사하지 않을 수 없고, 겸손하지 않을 수 없다. 나의 나 된 것은 다 하나님의 은혜이기 때문이다.

생과 사의 갈림길에서.

내 구원의 능력이신 주 여호와여 전쟁의 날에 주께서 내 머리를 가려 주셨
나이다 시 140:7

　나의 아버지는 감리교신학대학교와 연세대연합신학대학원을
졸업하시고 목회자가 되셨다. 어머니는 총회신학대학 기독교교
육과를 졸업하시고 아버지를 만나 사모로서 내조하시며 목회
를 도우셨다. 아버지께서 내가 어릴 때부터 종종 들려주셨던 이
야기가 있다. 지금은 나뿐만 아니라 온 가족과 후손들에게까지
들려질 수 있도록 글로 정리가 되어 있는데, 그중에서 내가 가장
잊을 수 없는 이야기가 바로 '사망의 음침한 골짜기에서'라는 에
피소드다.

삶과 죽음을 가르는 섭리의 순간

나의 부친이신 김외식 목사는 우리나라가 일제로부터 해방되던 해인 1945년에 경주시에서 태어나셨다. 그래서 사람들은 1945생인 아버지를 '해방둥이'라고 부르셨다고 한다. 아버지가 태어나신 날은 추수감사주일(11월 25일, 음력 10월 21일)이었다. 그래서인지 아버지의 삶은 '감사'와 떼려야 뗄 수 없는 관계였고, 아버지는 늘 "감사하다, 감사하다"라고 고백하시곤 했다.

세월이 흘러 1953년 7월 27일, 우여곡절 끝에 전쟁이 휴전 협정으로 막을 내리고, 이듬해에 아버지와 온 가족은 경주시 건천이라는 시골 마을로 이사하였다. 그때 친할머니는 전쟁 중에 시작한 포목 장사를 계속하고 계셨다. 대구에 있는 도매 시장에서 사람들이 필요로 하는 옷감들을 사다가 시골장에서 이윤을 붙여 장사하는 것이다. 한번은 아버지가 할머니를 따라 외가가 있는 산내 장터에 따라나섰다고 한다. 할머니는 포목을 팔고 아직 어린 아버지는 하릴없이 큰외삼촌 집에서 하루 종일 시간을 보내고 있었다.

하루 해가 저물 무렵, 할머니는 팔다 남은 옷감을 큰 보따리에 묶고, 다른 장사꾼들과 함께 덮개가 없는 트럭 위에 오르려고 할 때였다. 이미 트럭은 많은 짐과 사람들로 거의 만차 상태였다. 할머니는 어린 아버지를 먼저 트럭 위로 밀어 올리고 자신도 곧 차에 오르려고 하였다. 그때 외삼촌이 다가와 이렇게 말했다.

"야, 동생, 내 말 들어보레이. 지금 날도 저물고 장꾼들도 많은데 이 트럭을 타고 가려면 고생한데이. 마아, 오늘은 우리 집에서 저녁 묵고 내일 아침 첫 차로 건천으로 가면 어떻겠노? 그리고 오늘은 수요일 아이가, 저녁 먹고 교회에 가서 예배도 드리고…."

할머니는 외삼촌의 말은 듣고 큰 고민 없이 순순히 그러자고 하셨고, 아버지는 트럭에서 내려 할머니와 함께 외삼촌 집으로 가서 저녁을 먹고 산내교회에 가서 저녁예배를 드렸다. 그런데 약 30분쯤 지났을 때, 갑자기 파출소에서 긴급 사이렌 소리가 나기 시작했다. 당시 긴급한 일이 아니면 사이렌을 울리지 않기 때문에 할머니와 아버지는 불길한 마음에 예배를 마치고 외삼촌 집으로 빨리 돌아오셨다고 한다.

얼마 뒤 외삼촌이 무슨 일로 사이렌 소리가 났는지 알아보고 돌아오셨다. 그런데 바로 할머니와 아버지가 타고 가려고 한 트럭이 사고를 당한 것이었다. 산내에서 건천으로 가려면 감산리 근처에 땅고개라는 제법 높고 험한 고개가 있었는데, 장꾼들과 많은 물건을 실은 트럭은 무장 공비의 좋은 표적이 되곤 했다. 이 무장 공비들은 북한 공산군 낙오병들과 지역 빨갱이들로 이루어져 있었고, 이들은 대한민국 국군에게 항복을 거부하고 최후의 발악을 하던 자들이었다.

이튿날 아침 아버지는 할머니와 함께 첫 차로 땅고개를 넘어

가게 되었다. 어제 아버지가 타려고 했던 그 차는 산비탈 아래로 굴러떨어져 불타고 있었다고 한다. 사람들은 죽고 물건은 약탈 당했다. 아버지는 자연스럽게 이런 물음이 들었다고 한다.

"만약 우리가 어제 저녁 저 차를 타고 갔더라면 어떻게 되었을까? 만약 큰 외삼촌이 어머니에게 오늘은 여기서 자고 내일 가라고 권하지 않았더라면 오늘의 내가 과연 생존할 수 있었겠는가?"

하나님의 보호하심의 손길

때로는 삶과 죽음이 순간적인 차이로 갈라진다고 하는데 아버지는 일찍이 이런 경험을 하셨다. 그리고 여기에 보이지 않는 하나님의 보호하심의 손길이 있었던 것이다.

그런데 아버지가 큰외삼촌 댁에서 자던 그 밤, 건천에 계셨던 할아버지께서 꿈을 꾸셨다고 한다. 꿈에 동네의 서쪽 큰 산이 흔들리더니 산이 무너져 내리면서 바위와 흙이 동네로 밀려 내려오고 있었고, 할아버지는 이 광경을 지켜보며 '어떡해야 이를 막을 수 있을까?' 걱정하고 계셨는데, 바윗돌과 흙더미가 밀려 내려오다가 할아버지가 서 있는 발 앞에서 멈췄다는 것이다.

할아버지는 다음날 아침 집에 있던 두 딸(아버지의 두 누님)에게 이 꿈 이야기를 하면서 무슨 큰일이 생기긴 했는데 다행히 우리

집은 무사하다고 했다고 한다. 돌아보면, 할머니와 아버지가 죽음을 피해 살아난 데에는 인간의 지각으로 알 수 없는 하나님의 섭리의 손길이 있었던 것이다.

나는 이 이야기를 어릴 적부터 듣고 자랐다. 그때 만일 아버지께서 그 트럭에 타셨다면, 그리고 무장 공비의 공격으로 돌아가셨다면, 나는 존재하지 못했을 것이다. 왜 그때 트럭에 탄 사람들은 죽고, 왜 할머니와 아버지는 살아남으셨을까? 왜 하나님은 생사의 갈림길에서 아버지를 살리신 것일까? 나는 이 이야기를 듣고 다시 떠올릴 때마다 내 삶의 무게와 책임감을 느끼곤 했다.

나의 오늘 이 하루는 누군가가 그토록 바랐던 내일이다. 그리고 나의 삶은 타인의 희생과 헌신에 빚진 삶이다. 그렇기에 나의 그 어떠한 것도 자랑할 수 없다. 스스로 교만해질 수도 없다. 내가 가진 생명과 모든 것이 그저 하나님의 은혜 위에 은혜일 뿐이기 때문이다.

죽음에 숨겨진 하나님의 섭리。

누가 우리를 그리스도의 사랑에서 끊으리요 환난이나 곤고나 박해나 기
근이나 적신이나 위험이나 칼이랴 기록된 바 우리가 종일 주를 위하여 죽
임을 당하게 되며 도살당할 양 같이 여김을 받았나이다 함과 같으니라
그러나 이 모든 일에 우리를 사랑하시는 이로 말미암아 우리가 넉넉히 이
기느니라 **롬 8:35-37**

   인간이 겪는 고난과 고통의 이유에 대한 온전한 답을 가진 이
는 없다. 욥의 고난의 이유를 우매한 지식으로, 권선징악의 논리
로 설명하고자 했던 욥의 친구들은 모두 하나님의 책망을 받았
다(욥 42:7). 인간은 누구나 고통을 피하고 싶어 한다. 그러나 의
인이라고 해서 고난이 없지 않고, 오히려 의인에게 불 시험이 오
는 것을 이상히 여기지 말라고까지 한다(벧전 4:12). 심지어 시편
기자는 고난 당한 것이 내게 유익이라고 고백하였고(시 119:71),
사도 바울은 사방으로 우겨쌈을 당하여도 싸이지 않고, 답답한

일을 당하여도 낙심하지 않으며 박해를 받고 거꾸러뜨림을 당하여도 망하지 않는 것은 바로 예수의 죽음을 몸에 짊어짐으로써 도리어 예수의 생명이 우리의 몸에 나타나게 하시려는 하나님의 섭리라고 말씀한다(고후 4:8-10).

누가 우리를 그리스도의 사랑에서 끊으리요

고난에 대한 많은 말씀 중에서 우리 가정과 가문에 유산처럼 내려오는 성경 말씀이 있는데, 바로 로마서 8장 35절이다.

누가 우리를 그리스도의 사랑에서 끊으리요 환난이나 곤고나 박해나 기근이나 적신이나 위험이나 칼이랴 롬 8:35

물론 이 구절을 성경에서 보았지만, 이 구절이 내게 가장 잊을 수 없는 말씀이 된 것은 실제로는 뵌 적이 없는 친할아버지의 묘비에 이 성경 구절이 새겨져 있었기 때문이다. 어릴 때 추석을 맞아 아버지의 고향인 경상북도 경주시 건천에 할머니를 뵈러 가곤 했다. 그때마다 할머니는 "우리 강생이(강아지) 왔나?" 하고 볼에 뺨을 비비며 손주들을 예뻐하셨다. 할머니는 30대 후반에 일찍이 남편을 여의고 과부가 되셨다. 하지만 할머니는 믿음의 어머니셨다. 시골 교회의 새벽 종소리가 울리면 할머니는 곧장 교회로 달려가 자녀들과 가족들을 위해 기도하셨다. 추석에 성묘를 하러 가서 할아버지의 묘비를 보았다. 묘비에 새겨진 이 말씀이 할아버지께서 평생 가장 좋아하셨던 말씀이자 동시에 할아버지와 아버지가 마지막 가정예배 때 나누셨던 말씀이었다고 한다.

나의 할아버지 김종기 집사님은 아버지가 중학교 3학년 때 일찍이 하나님의 부름을 받으셨다. 당시 말을 끌고 다니며 유통업을 하셨던 할아버지가 원인을 알 수 없는 병에 걸려 대구 동산병원으로 긴급 후송되셨다. 하지만 건천에 있던 아버지와 가족들은 할아버지가 반드시 살아 돌아오시리라 굳게 믿고 기도했다고 한다.

그러던 어느 날 아버지는 대구에서 돌아오던 기차에서 누군가가 자신을 등 뒤에서 둘러 감싸는 듯한 포근하고 신비한 느낌을 받았다고 한다. '이상하네. 이게 뭘까?' 하고 주위를 둘러보았지만 아무도 없고 처음 느껴본 표현할 수 없는 느낌이었다고 한다.

그로부터 몇 시간 뒤 대구에서 온 앰뷸런스 한 대가 건천의 집 앞에 와서 멈추어 섰다. 가족들의 간절한 바람과 달리 할아버지는 살아 돌아오지 못하였다. 흰 천이 덮인 할아버지의 시신이 들 것에 실려 방 안으로 들어갔다. 아버지의 표현에 의하면 할아버지의 얼굴은 하얗게 핏기만 없을 뿐 평소처럼 주무시는 듯 평안해 보였다고 한다. 아버지가 느꼈던 포근했던 느낌은 혹시 할아버지의 마지막 포옹이었을까? 아니면 하나님 아버지의 위로의 포옹이었을까? 그것은 알 수 없다.

할아버지가 돌아가시자 한편에서는 통곡하고, 다른 한편에서는 망연할 따름이었다고 한다. 할아버지는 40대 초반이라는 젊은 나이에 아내와 다섯 자녀를 두고 먼저 하늘 나라로 가셨다. 아버지가 회복하여 돌아오게 해달라는 가족들의 간절한 기도는 기도한 그대로 응답되지 않았다.

할아버지의 임종을 지킨 분은 할머니셨다. 병원에서 병명을 밝혀내지 못한 채 소생 가망이 없다는 통고를 받은 할아버지는 자신의 죽음이 임박했음을 알고 할머니에게 세세한 유언을 남기셨다. 얼마 뒤 할아버지는 갑자기 병실 천장을 바라보시더니 빛난 얼굴로 두 손을 활짝 쳐들면서, "저기 하늘에 예수님께서 좌우편에 천군 천사를 거느리시고 나를 맞으러 오셨구나. 나는 이제 하나님께로 간다. 그러니 당신은 염려하지 말라. 내가 천국에서 당신과 가족들을 위해 기도하겠다"라고 말씀하셨다고 한다. 할머니는 할아버지를 앰뷸런스에 모시고 건천으로 향했는데, 영천을 지날 무렵 마지막 숨을 거두셨다.

일찍 아버지를 여읜 나의 아버지에게는 큰 충격이었을 것이다. 그러나 아버지는 그때 이후 하나님 아버지가 자신의 아버지가 되셨다고 고백한다. 아버지를 살려달라는 기도는 응답받지 못했지만, 하나님께서는 친히 아버지가 되어주심으로써 기도에 응답해주셨다.

그때 아버지는 "여호와는 내 편이시라 내가 두려워하지 아니하리니 사람이 내게 어찌할까"(시 118:6)라는 말씀을 붙잡았고, 어려운 일이 닥칠 때마다 이 말씀이 큰 힘이 되었다고 한다. 그랬기에 어린 시절부터 하나님 아버지만을 의지하게 되었고, 그것이 목회자가 되어야겠다는 부르심까지 이어지게 된 것이다. 이 역시 당시로는 다 이해할 수 없는 하나님의 섭리라고 믿는다.

목회를 하다보면 종종 아버지나 어머니를 일찍 떠나보내는 장례를 치르게 된다. 젊은 아내와 어린 자녀들만 남기고 떠나는 남편의 심정이 어떨지, 당사자가 아니라면 감히 상상조차 할 수 없으리라. 그런 장례를 치를 때마다 나는 할머니로부터 전해진 할아버지의 마지막 순간을 떠올리곤 한다. 그리고 가끔은 이 이야기를 천국 환송 예배 때 유가족들에게 나누기도 한다. 비록 우리의 삶에 죽음이라는 환난이 닥칠지라도, 우리를 하나님의 사랑에서 끊을 수 없으리라.

문제의 한복판에서 그분을 의지하는가?

제럴드 싯처는 《하나님의 뜻》이라는 책에서 이런 말을 했다.

인간이 과정이라고 부르는 그것을 하나님은 목표라고 부르신다. 격랑의 한복판에서도 예수님을 바라보며 침착함과 평온함을 잃지 않을 수 있다면 그것이 곧 우리의 삶을 향한 하나님의 뜻이다. 그것은 내가 이렇게 저렇게 손을 썼으니 이제 다 괜찮다고 말하는 삶이 아니다. 우리를 향한 그분의 뜻은 지금 그분과 그분의 능력을 의지하는 것이다.

우리는 병이 낫는 것이 목표라고 생각한다. 병에 걸렸는데 병이 낫기를 구하지 않을 사람이 어디 있겠는가? 그러나 주님은 오히려 병이나 삶의 문제 한복판에서 우리가 주님과 그분을 의지하는 과정 그 자체를 목표로 보신다는 점이다. 내가 주님을 의지하고 있고 신뢰하게 된다면, 비록 기도의 결과가 내가 의도한 것이 아니더라도 주님의 뜻은 성취된 것이다.

구약에서 이적과 기사를 많이 행한 사람을 꼽으라면 아마도 엘리사를 꼽을 수 있을 것이다. 그는 병도 고치고 죽은 자도 살려내고 물 근원을 고치는 이적을 행한 사람이다. 그런데 열왕기하 13장 14절에 보니 엘리사가 죽을병에 걸린다. 이적과 기사를 행한 엘리사라면 하나님께 간구하여 병을 고쳐달라고 하지 않겠는가?

이스라엘 왕 요아스가 눈물을 흘리며 말한다.

"나의 아버지, 나의 아버지, 이스라엘의 병거와 마병이시여…."

그런데 엘리사는 자신의 병에는 신경을 쓰지 않는다. 오히려 왕에게 화살을 집어 땅을 치라고 한다. 왕이 세 번만 치고 그만

두자 화를 내며 왕이 대여섯 번 쳤더라면 아람군을 진멸할 때까지 쳤을 텐데 왜 중도에 그만두었냐며 안타까워한다. 그리고 왕이 아람군을 세 번 칠 것을 예언하고 죽는다. 참 이해가 안 되는 부분이다. 엘리사는 왜 하나님께 생명을 연장해달라고 구하지 않았을까? 왜냐하면 그는 하나님이 자신을 데려가려 하신다는 사실을 믿었기 때문이다.

평생 이적과 기사를 행하게 하신 분이 하나님이심을 알았던 사람이 엘리사다. 그러나 하나님이 이적과 기사를 행하지 않으셔도 순종할 수 있는 믿음을 가진 자가 또한 엘리사였다. 어떻게 보면 이적과 기사를 행하는 믿음보다 더 순전한 믿음이다. 엘리사는 자신의 질병으로 인한 고난 속에 담긴 하나님의 섭리, 그분의 뜻을 이미 들었기 때문이다.

이적을 보고 믿는 믿음도 중요하지만, 이적이 없어도 순종하는 믿음은 더 중요하다. 주님은 바로 우리에게 그 믿음을 원하신다. 병에 걸린 아버지가 건강히 회복되는 이적은 일어나지 않았다. 어찌 보면 할아버지의 죽음은 온 가족이 믿음을 잃어버릴 수도 있었던 사건이었다. '왜 예수님이 고쳐주지 않으셨을까?', '능력이 없으신가?', '능력이 있는데 고쳐주지 않으셨다면 신하지 않으신가?' 만일 이적을 보고 믿는 믿음이었다면 실족했을 것이다. 그러나 그렇지 않았다. 오히려 할아버지의 죽음이라는 고난이 온 가족의 믿음을 더 굳건히 하는 계기가 되었다.

생명의 섭리 : 생명을 낳는 죽음

일찍 남편을 떠나보낸 할머니는 홀로 오 남매를 키우셔야 했다. 그래서 그랬는지 할머니는 "무거운 짐을 나 홀로 지고 견디다 못해 쓰러질 때…"라는 찬송을 늘 부르셨다. 아마 그 가사가 과부가 된 할머니의 심금을 울렸던 것 같다. 실제로 할아버지가 돌아가시고 나서 약 1년 뒤에 할머니는 억울하게 고소를 당하셔서 한순간에 얼마 남지 않은 재산마저 다 빼앗길 위기에 처하기도 했다. 그런데 하나님의 도우심과 은혜로 오히려 고소한 그가 유죄로 판결이 났다.

어느 날 하나님의 은혜로 자녀들을 다 잘 키우고 난 뒤 온 가족이 모여 찬양하는데 할머니가 또 '내 모든 시험, 무거운 짐을' 찬송가를 부르려고 하자 큰고모가 극구 말리셨다고 한다.

"마 이제는 무거운 짐 홀로 그만 지라. 마 와 홀로 지노?"

그래서 바꿔서 부른 찬송이 '내 평생 소원 이것뿐'이다. 3절 가사에 "불 같은 시험 많으나 겁내지 맙시다 구주의 권능 크시니 이기고 남겠네" 이렇게 나온다. 우리 인생에 불 같은 시험이 많지만 겁내지 않아도 된다. 구주의 권능이 불 같은 시험과 고난보다 크시니 넉넉히 이기고도 남을 것이다! 할머니를 비롯해서 아버지와 모든 가족들이 그 진리를 믿고 평생 하나님만 바라보고 사셨다. 할아버지가 정말 기도하셔서 그런 것이었을까? 그러나 나는 믿는다. 예수님께서 과부가 된 할머니와 남겨진 오 남매를 불쌍히 여겨주셔서 하늘 하나님 아버지 보좌 곁에서 중보해주셨음을 믿는다.

할아버지의 죽음은 뜻을 이루지 못한 이른 죽음이 아니라고 믿는다. 예를 들어 사도행전에서 스데반의 삶을 보자. 주님은 산헤드린 공의회와 사람들의 돌들로부터 스데반을 지켜주지 않으셨다. 그동안 주님은 베드로와 요한 그리고 사도들이 감옥에 갇히고 매를 맞고 모함을 당해도 여러 차례 그들을 구해주셨다. 하지만 스데반은 아니었다. 그렇다고 스데반의 죽음이 꽃을 피워보지도 못한 헛된 죽음이었나? 그렇지 않다. 오늘날 '장수'가 많은 이들의 우상이 되어버렸다. 그러나 스데반에게는 오래 사는 것이 목적이 아니라 "잘하였도다 착하고 충성된 종아"라고 칭찬받는 종이 되는 것이 인생의 목표였다. 그러므로 그는 더 살게 해달라고 간구하기보다 죽기까지 순종하는 '순교적 순종'을 통해 주님께 영광이 되는 삶을 살았다.

스데반의 삶과 죽음을 통해 사울이라는 청년에게 복음의 씨가 심겨졌다. 예수님은 사울을 찾아오셨고 사울, 곧 바울은 스데반처럼, 예수님처럼 복음을 증거하다가 고난을 받고 순교하는 가장 복된 죽음을 맞이한다. 스데반의 짧은 생애는 하나님의 섭리 안에서 사도 바울이라는 열매와 더불어 박해받은 그리스도인들이 사마리아와 땅 끝까지 복음이 퍼져나가게 하는 기폭제가 되었다. 스데반의 이른 죽음은 헛되지 않았고, 그의 삶과 죽음을 통해 복음이 놀랍도록 결실을 맺었다.

스데반의 죽음이 바울을 낳았듯이, 할아버지의 죽음은 비록 순교는 아니었지만, 나의 아버지가 하나님을 진정한 '나의 아버지'로 믿게 되는 계기가 되었다. 그리고 아버지의 하나님은 이제 '나의 하나님'이 되었다. 할아버지가 인도하신 마지막 가정예배의 말씀이 지금까지 우리 가문의 핵심 구절이 되었다. "누가 우리를 하나님의 사랑에서 끊으리요", 하나님의 사랑에서 끊으려 하는 사망의 권세조차 도리어 영원한 생명을 낳는 도구가 되었으니, 이것이 어찌 악을 선으로 바꾸시는 하나님의 섭리가 아니겠는가?

남녀의 만남과 섭리。

이삭이 저물 때에 들에 나가 묵상하다가 눈을 들어 보매 낙타들이 오는 지라 리브가가 눈을 들어 이삭을 바라보고… 창 24:63-64

인생에는 하나님께서 특별히 섭리하신 만남이 있다. 그중에서도 한 남자와 한 여자가 만나 부부가 되고 생명을 낳기까지의 과정은 하나님의 섭리가 아니면 설명하기 어렵다. 지구의 80억 인구 중에 두 사람이 만날 확률이 얼마나 될까? 그런 점에서 이 세상의 모든 생명은 고귀하다. 왜냐하면 모든 생명은 그 생명의 부모와 그의 조상들이 지난 수천 년의 역사 속에서 전쟁과 기근과 전염병, 사건 사고와 같은 죽음의 그림자가 드리울 때에도 죽지 않고 살아남았기 때문에 오늘날 존재할 수 있었기 때문이다.

그런 의미에서 성경의 족보는 그다지 은혜가 안 되는 대표적인 본문이기는 해도, 한 가문이 세대와 세대를 이어 끊어지지 않음을 보고 있노라면, 말로 형용할 수 없는 은혜가 밀려온다. 그 생명의 배후에 보이지 않는 하나님의 보호하심과 인도하심의 손길이 있었기 때문이다.

만남과 결혼에 담긴 하나님의 섭리

이삭과 리브가는 성경적인 부부의 본보기로 꼽히곤 한다. 영국 성공회의 결혼 예식서에도 이삭과 리브가가 부부의 좋은 모범으로 제시되어 있다. 왜냐하면 아브라함과 달리 이삭은 아내의 여종을 첩으로 취하지 않았고, 배우자는 오직 리브가뿐이었으며, 두 사람이 평생 서로 사랑했기 때문이다. 창세기 24장에는 이삭과 리브가가 서로 어떻게 만나게 되었는지 그 과정이 상세히 기록되어 있는데, 그 여정 중에 단 하나라도 일어나지 않았다면, 이삭은 리브가를 만나지 못했을 것이다. 둘의 만남과 결혼은 모두 하나님의 섭리 가운데 일어난 일이다.

나는 나의 부모님이 서로 어떻게 만나게 되었는지 궁금했다. 그리고 두 분의 이야기를 들으며 그 만남에도 '하나님의 섭리'가 있음을 발견하게 되었다. 아버지가 감리교신학대학교 기숙사에서 지내던 어느 12월 겨울, 아버지는 오류동에 있는 원호병원에 가게 되었다. 아는 선배의 부탁으로 병원을 섬겼던 졸업생들을 위한 축하 파티를 도우러 간 것이다. 그런데 그 날 거기서 우연히 여성 중창단을 보게 되었는데, 그중에 아버지의 눈에 띄는 한 아가씨가 있었다고 한다. 그 여인이 눈에 들어오자 그때부터 가슴이 뛰기 시작했다.

당시 통금이 있었기 때문에 모든 행사를 마치고 돌아갈 때 남자 청년들이 여자 청년들을 한 명씩 맡아 무사히 귀가할 수 있도록 돕는 임무가 주어졌다. 그때 아버지에게 매칭된 여인이 아버지의 눈에 들어왔던 그 여인이었다! 아버지는 그 여인을 집까지 바래다주는데 여인의 이름도 몰라, 주소도 몰라, 그저 집 근처까지 바래다주고 말 한마디 못해보고 그냥 돌아왔다고 한다.

시간이 흘러 이듬해 여름 아버지는 고향에 내려갔다가 가을학기 개학을 맞아 다시 감신대로 돌아가는 길이었다. 경부선으로 가면 빠르지만 요금을 절약하기 위해 아버지는 영천, 안동, 원주를 거쳐서 청량리까지 무려 10시간 이상 걸리는 중앙선 완행열차를 탔다.

안동역을 지나면서 열차 안에 승객들이 많아지기 시작했고, 원주역을 지나니 입석도 자리가 점점 차게 되었다. 그다음이 간현역이다. 여기서는 기차가 잠시 머물렀다. 이 역에서는 내리는 사람들보다 타는 사람이 더 많았다. 그래서 간현역에서 타는 사람들은 서서 가기도 쉽지 않을 정도였다. 아버지는 건천역에서 이미 자리를 잡고 책을 보다가 창 밖 경치를 보기도 하면서 여유 있게 여행 중이었다. 그때 한 아가씨가 아버지 바로 옆에 서더니 여행 가방을 짐칸에 올리기 위해 애쓰고 있었다. 아버지는 순간적으로 일어나 여행 가방을 올려주었다. 그런데 그 아가씨가 어디서 만난 적이 있는지 눈에 익었다.

'어디서 봤더라? 아, 작년 겨울 오류동 원호병원에서 만난 아가씨가 틀림없어.'

아버지가 먼저 입을 열었다.

"아가씨, 혹시 나를 알아보겠습니까? 우리 전에 원호병원에서 만난 적 있지요?"

"아, 그렇군요. 이렇게 다시 만나다니요."

"그때 제가 집 근처까지 바래다드렸는데."

"네. 맞아요. 그때 고마웠습니다."

"아닙니다. 별 말씀을요."

아가씨는 조금 전 정차했던 간현역 인근에서 열린 여름 수양회를 마치고 집으로 돌아가는 길이라고 했다. 아가씨는 자신의 이름을 말하고 총회신학대학 기독교교육과 2학년에 재학 중이라고 했다. 출석하는 교회는 서대문 충정로 기숙사와 가까운 충정장로교회인데 아버지는 충정장로교회 장로요 어머니는 권사이셨다. 우연 같은 섭리적 만남 이후 두 분은 청량리에서 헤어졌지만, 그 날 이후 다른 계기로 정식으로 교제하게 되었다고 한다. 어떻게 두 분이 기차에서 다시 만날 수 있었을까? 그것도 수많은 기차 중에서, 바로 그 열차 칸, 그 자리에서 다시 만날 수 있었을까? 우연이라고 한다면 믿음이 대단한 사람이다. 이것은 우연을 가장한 필연이요 섭리다.

사람의 만남을 섭리하시는 하나님

그 후 아버지는 용기를 내어 미스 강(어머니)의 부모님의 결혼 허락을 받으러 집으로 찾아가게 되었다. 그런데 여기에도 하나님의 섭리가 숨겨져 있었다. 마침 그 날 집에 아버지도 계시지 않았고 미스 강도 없이 어머니만 계셨다고 한다.

"젊은 양반, 무슨 용건으로 찾아왔는가?"

"네. 댁의 셋째 따님과 결혼할 마음이 있어서 왔습니다."

"허허. 그래. 그러면 자네 장래 희망이 무엇인고?"

"목사가 되려고 합니다."

"아, 자네 진짜로 목사 될끼란 말이제."

"네. 그렇습니다. 어릴 때부터 품어왔던 꿈입니다."

"자네, 틀림없는가?"

"네. 틀림없습니다."

"좋다. 내 이제까정 하나님께 기도하기를 주의 종 될 사람이 나타나 우리 딸을 달라 하면 주겠다고 했는데, 아직 그런 사람 없었데이. 그런데 자네가 주의 종 되겠다 하니 내 허락함세."

미스 강의 어머니, 그러니까 나의 외할머니는 그때까지 하나님께 기도하기를, 주의 종 될 사람이 나타나 딸을 달라고 하면 주겠다고 기도했는데 그런 사람이 아직 없었다는 것이다. 그런데 주의 종이 되겠다고 하는 사람이 나타나 딸을 달라고 하니, 이것이 하나님의 응답이 아니고 무엇이겠는가? 이 날의 만남은 외할머니의 기도 속에서 이미 이루어진 것이었다. 하나님은 외할머니의 기도를 들으셨고, 아버지와 어머니의 만남을 섭리하시고 인도하셨다.

그렇게 두 분은 결혼하셨고 목회를 하며 이후 세 딸을 낳고 행복한 가정을 이루셨다. 부모님의 결혼 이야기를 듣다보면, 결혼에 있어서 기도가 얼마나 중요한지를 깨닫는다. 아버지도, 어머니도 결혼을 놓고 기도하셨겠지만, 부모의 기도가 또한 얼마나 중요한가? 사실 이삭과 리브가의 만남을 위해 아브라함이 먼저 기도했다. 우리의 기도를 들으시고 하나님의 뜻 가운데 사람과 사람의 만남을 섭리하시는 하나님의 오묘한 뜻이 참으로 놀랍기만 하다.

주님이 사랑하시는 딸, 주애.

그는 목자 같이 양 떼를 먹이시며 어린 양을 그 팔로 모아 품에 안으시며
젖먹이는 암컷들을 온순히 인도하시리로다 사 40:11

아버지는 어린 시절 할아버지가 일찍 돌아가셨기에 하나님을
아버지로 모시게 되었고, 그것은 일찍부터 아버지의 믿음이 성숙
해지는 계기가 되었다고 한다. 그래서 그랬을까? 아버지가 응암
감리교회 부교역자 사역을 마무리하고 강동중앙교회를 개척하
고 몇 년 후, 우리 가족에게는 잊을 수 없는 큰 믿음의 시련이 닥
치고 만다.

하나님은 덤프트럭을 세우실 수 없었을까?

부모님이 결혼하고 나서 아버지는 군목으로 섬기시다가 제대
후 교회를 개척하셨고 그동안 딸 셋을 낳으셨다. 1978년 당시

만 7세, 5세, 3세였는데, 막내딸 주애는 만 3세로 어렸지만 다가오는 5월 어버이날 노래를 다 외우고, 부활절 찬양도 외워서 부를 정도로 똑똑했다.

1978년 4월 22일, 부활절이 지난 어느 토요일, 부모님이 심방을 준비하고 계신 사이, 어린 딸들은 동네 아이들과 함께 길 건너편 가게에 갔다. 당시 사택이 현재의 삼성로 근처였는데 집에서 길을 건너가야 새로 생긴 가게에 갈 수가 있었다. 거기서 막내 주애가 둘째 언니에게 거북이 장난감이 함께 붙어 있는 과자를 사달라고 조르기 시작했다. 당시 그 과자는 50원이었다. 마침 둘째의 주머니에 50원이 있었다. 실은 어머니가 다음날 드릴 주정헌금을 미리 주신 것이었다. 그 돈으로 과자를 사줄 수도 있었지만, 헌금은 주님의 것인데 그것으로 과자를 살 수는 없었다.

"안돼, 주애야. 이건 내일 하나님께 드려야 하는 헌금이야. 나중에 엄마 오시면 사달라고 하자."

그렇게 둘은 가게를 나와 다시 집으로 되돌아가고 있었다. 길 건너편에 집이 보이자 막내는 엄마한테 과자를 사달라고 할 마음에 집으로 곧장 뛰어 횡단보도를 건너고 있었다. 그 당시 강남 지역이 한창 개발 중이었고, 덤프트럭들이 자재를 싣고 빠르게 다니고 있었다. 마침 언덕에서 덤프트럭을 급히 몰던 운전수가 길을 건너는 꼬마 아이를 보았지만, 짐을 잔뜩 싣고 과속으로 달리던 덤프트럭이 내리막길을 내려오고 있었기 때문에 급브

레이크를 밟아도 차를 멈춰 세울 수 없었던 것이다.

너무나 순식간에 벌어진 일이었다. 커다란 덤프트럭은 작디작은 막내딸을 치고 말았다. 노면에 선명한 검정색 타이어 자국과 함께 핏자국이 흘렀다. 여섯 살이었던 둘째가 길에 쓰러져 있는 막내를 보았다. 그러나 막내는 더 이상 숨을 쉬지 않았다. 사랑스런 막내딸은 먹고 싶던 사탕, 갖고 싶어 한 거북이 장난감을 갖지 못하고 그 자리에서 숨을 거두고 말았다.

하나님은 덤프트럭을 세우실 수 없었던 것일까? 하나님은 주애가 도로를 건너기 전에 넘어지게 하셔서 트럭에 치이지 않게 하실 수 없었던 것일까? 아니 단 2,3초라도 늦게, 혹은 더 빨리 트럭이 지나갔다면 괜찮지 않았을까? 여호수아의 기도로 태양도 멈추게 하신 하나님께서 왜 그 몇 초의 차이를 가만 놔두셨던 것일까?

자식의 죽음 앞에서

아버지가 사고 현장에 먼저 도착하시고 막내딸의 주검을 보셨다. 목회자로서 많은 죽음과 장례를 경험했겠지만, 딸의 죽음은 처음이다. 어떤 심정이었을까? 아버지는 나와 누님들의 가족에게 매주 《나의 삶과 목회》(나삶목)라는 글을 보내주셨는데, 그중 126번째 에피소드의 내용을 그대로 실어본다.

그 날(1978년 4월 22일) 오후 2시에서 3시 사이에 주애는 홀연히 우리 곁을 떠났다. 사고 현장에는 저만치 덤프트럭이 길가에 멈춰 서 있었다. 덤프트럭 뒤에는 교통 경찰차 한 대가 바짝 붙어 서 있었다. 사고가 난 자리 저만치에 첫째와 둘째가 서서 두 손으로 눈물을 훔치며 엉엉 소리 내어 울고 있었다. 멀찌감치 떨어진 언덕 비탈에는 지나가던 사람들이 사고 현장을 내려다보고 있었다. 옛날에는 부모님이 돌아가시면 자식들이 죄인이 되었다는 심정으로 3년 동안 부모의 산소 옆에 움막을 짓고 베옷을 입고 지냈다. 자식을 먼저 떠나보낸 나는 평생 죄인이다. 주애를 지켜주지 못한 나는 그렇게 평생 참회하며 살아야 한다.

얼마 뒤 사고 신고를 받고 앰뷸런스가 달려왔다. 응급요원들이 차에서 내려 주애를 살펴보았지만 고개를 흔들었다. 그들은 들것에 주애를 실어 조심스레 앰뷸런스 안으로 밀어 넣었다. 강남 시립병원을 향해 떠나가는 앰뷸런스를 바라보며 두 자매가 흐느끼면서 말했다.

첫째 : 주애가 집에 돌아오면 좋아하던 장난감을 꼭 사다줄 거야.

둘째 : 나도 주애가 돌아오면 좋아하던 거북이 청량과자 꼭 사다줄 거야.

소식을 들은 외할머니 외할아버지가 서대문에서 급히 강남 시립병원으로 달려왔다. 건천에서 밤 기차를 타고 올라온 할머니도 병원으로 왔다. 오랜 세월 산전수전 다 겪은 이분들이 주애 곁에서 밤을 새웠다. 이튿날은 주일이었다. 어떻게 주일예배를 인도하고 마쳤는지 정신이 하나도 없었다. 예배 후 나는 가족, 교인들, 일부 친척들과 함께 입관식을 위해 병원으로 향하였다. 하얀 옷을 입은 외할머니가 입관식 기도를 시작하였다. 서대문에 있는 충정교회에서 오랫동안 경조사 위원으로 봉사해온 외할머니가 이제는 자신의 외 손주 딸을 직접 염하는 것이다.

외할머니는 참으로 침착하고 담대하였다. 먼저 주애 엄마가 보면 놀란다고 저만치 떨어져 돌아서 있게 하였다. 외할머니는 계속 찬송을 부르며 피 묻은 주애의 몸을 깨끗이 닦아내었다. 김순남 권사가 주애를 위해 예쁜 새 옷을 사가지고 왔다. 외할머니는 수의 대신 이 옷을 주애에게 입혔다. 마지막에 주애 엄마를 불러서 돌아선 채로 오른손만 내밀어 주애 엉덩이를 만져보게 했다. 외할머니가 하얀 모시 수건으로 주애의 얼굴을 감쌌다. 내가 마지막으로 본 주애의 모습은 자는 듯 평안하였다.

- 나삶목 126번째 에피소드 중에서

전국환송예배 때 두 언니가 동생을 위해 마지막 찬양을 불렀다. 어린 두 자매가 먼저 떠난 어린 막내동생을 위해 '사철에 봄바람 불어 잇고'를 불러준 것이다. 하관예배에서는 엄마가 죽은 딸을 위해 찬송가 226장 '저 건너편 강 언덕에'를 불러주었다.

"얘야, 엄마가 불러주는 이 땅에서의 마지막 자장가란다. 잘 자렴. 고통도 아픔도 없는 천국에서 잘 쉬렴….."

장례식 이후 사고의 수습이 필요했다. 당시 덤프트럭 운전수는 과속으로 사망 사고를 냈기 때문에 구치소에 수감 중이었다. 그러나 부모님은 기도하는 가운데 그 트럭 운전수를 풀어달라고 요청하셨다. 당시 그 운전수는 젊은 가장이었고 열심히 일하다가 사고를 낸 것이다. 당연히 많이 실어 나를수록, 빨리 운행할수록 더 많은 수당을 받기 때문이다. 그 가장이 감옥에 갇혀 있으니 그의 처자식은 또 얼마나 측은한가? 나의 자식만 소중한 것이 아니라 다른 사람의 자녀도 소중하기 때문이다.

결국 합의를 통해 트럭 회사에서 사망 보상금 3천만 원이 나왔다. 1978년 당시 작은 아파트 한 채 값이 천만 원이었다고 하니 상당한 금액인 셈이다. 그러나 부모님은 보상금 전액을 고스란히 하나님께 드리기로 하셨다. 50원의 주정헌금이 아니라 한 아이의 값진 생명, 핏값을 주님께 드리게 된 것이다.

주여, 우리에게 자비를 베푸소서!

그렇다면 과연 부모님은 어떠한 고난도 능히 이겨낼 수 있는 슈퍼 크리스천이었을까? 아니다. 두 분도 예상치 못한 자녀의 죽음 앞에 눈물을 감출 수 없었던 깨지기 쉬운 질그릇이었다. 10여

년 전, 내가 미국에서 목회할 당시, 추수감사주일을 맞이하여 아버지께 주애 누님 사건을 어떻게 견디고 극복하게 되셨는지 전화로 여쭤본 적이 있었다. 그때 아버지는 한동안 말을 잇지 못하셨다. 그리고 정말 힘들었지만 하나님의 크신 은혜로 이겨나갈 수 있었다고 고백하셨다.

나중에 아버지가 쓰신 《나의 삶과 목회》를 보니 아버지의 솔직한 심정이 잘 담겨 있었다. 아버지는 지금도 딸 주애를 생각할 때 자신도 모르게 눈물이 흐르는 것을 보면 사랑하는 자식을 잃은 상실의 고통은 부모가 평생 가슴에 묻고 가야 하는 것 같다고 하셨다. 물론 아버지는 주애 누님이 천국에 갔음을 굳게 믿으신다. 그러나 인간은 신앙인이기에 앞서 질그릇이다. 깨어진 세상이 주는 고통에 한없이 긁히고 부서지는 질그릇 말이다. 아버지와 어머니 역시 약하고 깨어진 질그릇이었다. 다만 우리는 그 질그릇에 보배이신 주님을 가졌다.

박완서 작가의 《한 말씀만 하소서》에 보면, 그녀가 사랑하는 아들을 잃고 절규하며 하나님께 한탄하는 장면이 나온다.

"원태야, 원태야, 우리 원태야, 내 아들아. 이 세상에 네가 없다니 그게 정말이냐? 하느님도 너무하십니다. 그 아이는 이 세상에 태어난 지 25년 5개월밖에 안 됐습니다. 병 한번 치른 적이 없고 청동기처럼 단단한 다리와 매달리고 싶은 든든한 어깨와 짙은 눈썹과 우뚝한 코와 익살부리는 입을 가진 준수한 청년입니다. 걔는 또 앞으로 할 일이 많은 젊은 의사였습니다. 그 아이를 데려가시다니요. 하느님, 당신도 실수를 하는군요. 그럼 하느님도 아니지요…."

더 나아가 그녀는 자신의 아들이 죽었는데 88올림픽이 멀쩡히 열리는 것을 보며 분노를 터뜨린다.

"…오나가나 그놈의 88올림픽, 정말 미칠 것 같다. 내 아들이 죽었는데도 기차가 달리고 계절이 바뀌고 아이들이 유치원 가려고 버스를 기다리고 있다는 것까지는 참아줬지만, 88올림픽이 여전히 열리리라는 건 도저히 참을 수 없을 것 같다. 내 자식이 죽었는데도 고을마다 성화가 도착했다고 잔치를 벌이고 춤들을 추는 걸 어찌 견디랴. 아아, 만일 내가 독재자라면 88년 내내 아무도 웃지도 못하게 하련만…."

이것이 자식을 잃은 부모의 심정이 아니겠는가. 막내딸 주애를 보낸 나의 어머니도 비슷한 심정이셨다고 한다.

아내와 나는 한동안 서로 얼굴을 마주 보지 못했다. 눈시울이 붉어져서, 쳐다보면 주애가 그리워서, 그리고 미안해서…. 어느 날 아내가 입을 열었다.

"여보, 주애는 죽었는데 아침 해는 여전히 떠오르다니 속상해요. 주애가 죽었는데 사람들은 왜 아무렇지도 않게 살고 있지요?"

나도 동감이었다. 하루쯤은 해가 뜨기를 멈추어야 하지 않나…. 아니, 잠깐이라도 주애를 애도하는 의미에서 해가 멈춰 서면 아니 되나…. 지나가는 사람들의 표정이 아주 짧은 순간만이라도 슬픈 빛을 띠면 아니 되나…. 아내도 알고 나도 안다. 해는 그러지 못하고, 사람들도 그렇게 하지 못한다는 것을. 이것은 말도 되지 않는 어리석은 소리라는 것을. 나는 나중에야 알았다. 자식을 잃은 부모들, 사랑하는 이를 잃은 많은 이들이 우리 부부와 같은 생각을 하고 있다는 것을. 이것은 신앙이 있고 없고의 문제가 아니다. 우리는 연약한 인간이기에… 우리는 자식을 먼저 떠나보낸 못난 부모이기에 그러하다. 키리에 엘레이송. 주여! 우리에게 자비를 베푸소서!

- 나삶목 128번째 에피소드 중에서

"우리는 연약한 인간이기에…" 그렇다. 우리는 그저 질그릇이다. 그럼에도 불구하고, 아버지와 어머니 모두 슬픔 중에서도 완전히 낙심하지 않을 수 있었던 것은 사랑하는 딸을 일찍 데려가신 주님의 커다란 섭리가 있음을 신뢰하였기 때문이다. 그 증거가 주님을 향한 신앙을 버리지 않았음이며 목회를 이어가셨다는 것이다. 무엇보다 두 분께서 내게 보여주신 신앙과 삶의 일치 때문이다.

어느 날 아버지는 꿈에서 어머니가 방구석 어두운 곳에 혼자 누워 있는 것을 보게 되었다고 한다.

'아, 이렇게 계속 있어서는 안 되겠구나….'

그 후 1년 정도 지났을 때, 어머니는 임신을 하였고, 그로부터 얼마 뒤 둘째가 꿈을 꾸었다. 그리고 부모님에게 자신이 꾼 꿈 이야기를 신나게 전해주었다.

"엄마, 아빠, 막내 주애가 꿈에 나왔어요. 흰 날개옷을 입고 한 손에는 주애가 평소 좋아하던 빗을 들고 있었어요. 그런데 이상하게 머리는 빡빡머리에 여자가 아니라 남자애예요…."

사실 어머니는 임신한 사실을 알고 나서 하나님께 이렇게 기도하셨다고 한다.

"주님, 제게 아들을 주시면 제가 뭐하겠어요? 주님의 사람으로 키울게요."

이것은 사실상 하나님께 자녀를 드리는 서원기도나 다름없다. 그렇지만 나는 2021년 8월에 청빙을 받아 한국에 오기까지 이 이야기를 전혀 들어본 적도 없고 알지도 못했다. 보통 부모가 하나님 앞에 서원을 하면, "얘야, 내가 서원기도로 너를 하나님께 바쳤다! 너는 무조건 주의 종이 되어야 한다" 그렇게 말하곤 하는데, 나의 부모님은 한번도 그렇게 말씀하신 적이 없다.

2021년 선한목자교회에 부임하여 추수감사절 메시지를 준비하고 있는데 어머니가 지금까지 숨겨둔 비밀이라며 말씀해주셔서 처음 알게 되었다. 둘째의 꿈 이후 내가 태어나게 되었고, 아버지는 아이의 이름을 다윗처럼 "하나님의 마음에 합한 사람"으로 살라고 '다윗'으로 지어주셨다.

그러나 출생신고를 하려면 이름을 등록해야 하는데 이름을 한 자로 해야 한다고 해서 많을 다(多), 위대할 위(偉)를 써서 '다위'로 짓게 되었다. 나는 집에서는 늘 다윗, 데이빗(David)으로 불렸다. 그리고 어머니는 늘 명실상부(名實相符)한 사람이 되라고 말씀하셨다. 다윗처럼 하나님만을 사랑하고 의지하는 사람이 되라는 뜻이다.

나는 내 이름의 '다윗'에서 'ㅅ'이 빠진 이유를 이렇게 재해석한다. "다윗의 인생 중에 흠이 되고 단점이 되는 부분을 빼고, 그의 장점만 닮거라!" 그렇게 해석하니 기가 막힌 이름이다. 동사무소에서 한자 때문에 'ㅅ'이 빠지게 된 것도 하나님의 섭리가 아니겠는가?

고통받는 타자를 위한 교회

한 사람의 인생은 그 사람이 자라온 가정, 배경, 환경에 큰 영향을 받는다. 독일의 신학자 칼 바르트나 본회퍼의 신학을 제대로 이해하기 위해서는 2차 세계대전과 나치라는 당시 유럽의 상황을 알아야 하듯이, 전쟁에서 살아남은 아버지, 사랑하는 딸의 죽음, 이후 나의 출생, 나에게는 이것들이 내가 태어나기 이전부터 나를 형성한 사건들이었다.

무라카미 하루키라는 일본 작가는 일본뿐만 아니라 전 세계적으로 인기를 누리는 작가이다. 일본의 극우에 대해 비판을 아끼지 않았던 사상가요 철학가인 우치다 다쓰루 교수는 하루키를 오랫동안 연구했다. 그는 하루키가 국제적인 작가가 된 비결로 그의 아버지의 경험을 꼽았다. 하루키의 부친은 2차 세계대전 당시 징병되어 중국의 전쟁터로 끌려간 분이다. 그의 아버지는 죽었지만 하루키는 자신이 "결코 알 수 없는 기억들" 중 한 조각을 물려받았다고 고백한다. 그것은 하루키가 경험한 것은 아니지만 "경험하지도 않은 경험에 대한 기억의 결여"라는 형태로 그에게 계승된 것이다. 그것은 하루키의 중국에 대한 관점에 막대한 영향을 끼쳤다. 자신이 직접 경험한 것이 아닌 간접 경험, 부모의 소울(soul)이 기억으로 전승되어 그것들을 자신의 근거로 받아들인 작가가 하루키라는 것이다.

나 역시 6.25전쟁, 남겨진 어린 자식들과 과부가 된 할머니, 가난, 개척교회, 사랑하는 딸의 죽음, 그 고통과 슬픔, 이 모든 경험하지 않은 경험의 파편들이 내게 굴절된 형태로 계승되었다. 그리고 이것은 나의 목회관에 지대한 영향을 주었다. 과부를 보면 할머니 생각이 나고, 자녀를 잃은 부모를 보면 나의 아버지,

어머니가 생각이 난다. 형제를 잃은 사람을 보면 나의 누님들이 생각난다.

그들의 아픔은 나와 결코 무관하지 않다. 예수님께서 목자 없는 양떼와 같은 이스라엘을 보시고 측은한 마음을 가지셨던 것처럼, 그 긍휼의 마음이 내게 부어졌다. 본회퍼는 이런 마음을 가진 삶을 가리켜 '타인을 위한 현존'이라고 하였다. 주님은 부모님과 선대로부터 내려온, 경험하지 않은 경험의 파편들을 내게 유산으로 주셨고, 상실의 아픔을 당한 이들이 결코 나와 무관한 타자(他者)가 아님을 알게 하셨다. 그것이 어른이 되고 성숙해가는 것이 아니겠는가?

영적 어른이 된다는 것은 고통받는 타자와 자신을 동일화할 수 있는 자, 타인의 마음을 아는 자이며, 자신이 어떤 책임을 지도록 기대를 받는 자인지 알기에 그것을 위해 기도하고 헌신하는 사람이다. 바로 그분이 우리 주님이시고, 그리하여 하늘 보좌를 버리시고 우리를 위해 이 땅에 오셨다. 마찬가지로 주님을 따르는 그리스도인들도 긍휼의 마음으로 고통받는 타인에 대한 책임의식을 가지고 자기를 부인하며 이웃을 위한 사랑의 수고를 감당하는 것이 마땅하다.

교회는 바로 타자를 위해 기꺼이 자신의 몸을 내어주신 예수님처럼 교회의 담장을 넘어 '타자를 위한 교회'가 되어야 한다. 그런 점에서 교회는 본질적으로 세상 안에 있지만(in the world),

세상과 다른(not of the world), 세상을 위해(for the world), 세상을 향해 나아가는(into the world) '선교적 공동체'(missional community)이다. 이러한 나의 교회론은 성경과 더불어 주애 누님의 죽음, 가족의 고통과 긴밀히 얽혀 형성되었다.

주님이 기억하시는 이름

선한목자교회로부터 후임 담임목사로 청빙을 받고, 지난 2021년 8월에 온 가족이 함께 한국으로 귀국하였다. 그리고 몇 주 뒤 아버지와 함께 주애 누님이 묻힌 곳을 찾았다. 주애 누님이 1975년생이었으니까 살아 있다면 지금쯤 중년의 나이가 되었을 것이다. 나는 그곳에서 잠시 눈을 감고 조용히 누님께 이야기했다.

"주애 누나, 주님이 부르셔서 다시 한국에 왔어. 주님께서 보잘것없는 나를 쓰실 데가 있나봐. 누나 몫까지 두 배로, 아니 그 이상으로 살게. 누나의 생명, 예수님의 생명을 이어받았으니 평생 죽어가는 이들을 살리며 살게. 그리고 천국에서 다시 만나. 비록 나는 누나를 본 적이 없지만, 바로 알아볼 수 있을 거야."

어린 셋째 누님의 죽음은 우리 가정에 잊을 수 없고 가슴 아픈 사건이었다. 그런데 돌이켜보면, 그 죽음이 아니었다면 아마 나는 태어나지 못했을 것이다. 부모님은 이미 세 자녀를 둔 상태였기 때문이다. 주애 누님의 죽음 이후 하나님은 하나님의 위로하심의 증거로 우리 가정에 새 생명을 주셨다. 그러니까 나의 삶에는 한 사람의 죽음과 생명이 긴밀히 연결되어 있다. 그리고 무엇보다 예수님의 죽으심과 부활에 연합하여 나는 죽고 내 안에 영원한 예수 그리스도라는 보배를 담게 되었다.

어느덧 세월이 흘러 '주애'라는 이름은 잊혀져갔고, 오직 우리 가족에게만 남겨진 이름이 되었다. 그러나 그렇지 않음을 깨닫게 되는 사건이 있었다. 아버지는 평화의교회를 섬기시다가 감리교신학대학교 실천신학 교수로 부름을 받으셨다. 그 후 그 교회는 여러 명의 담임목사를 거치면서 평택으로 이전하게 되었다. 그런데 새로 부임하신 목사님이 교회 이전과 함께 교회 이름을 놓고 기도하시다가 하나님께서 주신 새 이름을 받게 되었는데, 그 이름은 바로 '주사랑교회'였다.

아버지가 어느 날 그 교회에 초청되어 가셨다가 바뀐 교회 이름을 보고 깜짝 놀라셨다고 한다. 주사랑? 바로 주애(主愛)라는 이름의 뜻이 "주님의 사랑", "주사랑"이기 때문이다. 물론 현재 담임목사님은 '주애' 누님의 사건을 전혀 알지 못한다. 그 일은 40여 년 전에 일어난 일이기 때문이다. 그렇다면 어떻게 교회 이름이 그렇게 바뀌었을까? 하나님께서는 '주애'의 이름을 잊지 않고 기억하셨다. 나와 온 가족은 이것 역시 보이지 않는 하나님의 섭리라고 믿고 있다.

p r o v i d e n c e

2부

여호와 이레,
모든 것을
준비하심

회심, 그리고 믿음의 선한 싸움.

그 아들 안에서 우리가 속량 곧 죄 사함을 얻었도다 골 1:14

나는 모태신앙으로 태어나 신실하신 부모님 밑에서 사랑을 받으며 자랐다. 두 분의 신앙 교육 방식은 율법적이거나 엄격하기보다는 자율적이면서도 삶으로 본을 보여주시는 방식이었다. 그리고 명절이나 삶의 중요한 시기에는 온 가족이 모여서 예배를 드렸고, 아버지는 그때마다 시의적절한 메시지를 들려주시곤 했다. 어머니는 내가 두 누나들 밑에서 자랐기 때문에 남자아이가 너무 여성스럽게 크지 않을까 걱정이 되셨다고 한다.

그런 어머니의 걱정 때문인지는 몰라도, 중학교 3학년에서 고등학교 1학년 넘어갈 시기에 잠시 방황하던 때가 있었다. 학교에서 가장 주먹을 잘 쓰는 친구가 있었다. 그 친구를 중심으로 모여든 아이들이 그룹을 형성했는데, 나와 그 친구는 직접적인 관계가 없었지만 그 친구의 친구가 내 친구였기 때문에 서로 자연스럽게 어울리게 된 것이다.

시디플레이어의 유혹

학교에서는 별 문제 없이 지냈다. 주먹을 쓰는 친구는 다른 학생들보다 덩치도 크고 힘이 셌기 때문에 위협적이었다. 그는 학교에서 멀리 떨어진 강남역 근처를 돌아다니며 아이들을 위협하여 물건을 빼앗았다. 그리고 빼앗은 물건들을 주위 친구들에게 나누어주곤 하였다.

어느 날 내 친구도 그렇게 해서 얻은 것을 내게도 하나 주었는데, 바로 시디플레이어(CD player)였다. 당시 소니 플레이어는 중학생 아이들이 갖고 싶어 하던 로망이었다. 그러나 너무 비싸고 학생 신분으로는 구할 수 없는 제품이었다. 그런데 그것을 쓰라고 내게 던져준 것이다. 처음에는 이게 어디서 온 물건인지 몰랐다. 그런데 나중에 알고 보니 다른 사람의 것을 억지로 빼앗은 것이라니, 나는 마음에 갈등이 되었다.

'빼앗는 것은 폭력이고 죄인데 써도 될까?' 다른 한편으로는 나도 시디플레이어를 써보고 싶다는 마음이 있었다. 두 마음이 공존했다. 그래서 내가 갖지는 않되 친구가 빌려준 셈 치고 며칠간 써보기로 했다. 그때는 주로 테이프와 라디오로 음악을 듣던 때라, 시디 오디오의 음질은 차원이 달랐다. 음악을 좋아하던 나로서는 시디플레이어의 유혹을 이기기가 쉽지 않았다. 그렇게 며칠, 몇 주를 쓰다가 내 양심이 더 이상 허락하지 않았다. 아무리 좋아도 이것은 내 것이 아니었다. 나는 다시 그 소니 플레이어를 친구에게 돌려주었다. 그 친구가 놀라면서 말했다.

"너 이거 싫어?"

"아니, 좋긴 한데, 내 것이 아니니까."

"아냐, 내가 너한테 준 거나 다름없어. 쓰고 싶은 만큼 써."

"아냐, 많이 썼어."

아쉬움이 컸지만, 그렇게 소니 시디플레이어는 내 손을 떠나갔다.

시간이 흐르고 고등학교에 입학하면서 그 친구들과는 자연스럽게 헤어지게 되었다. 모두 각기 다른 고등학교를 가게 된 것이다. 나는 강남에 있는 한 고등학교에 입학하게 되었고, 특별활동반으로 기독교부를 선택하게 되었다. 1995년 3월 사순절 기간이었는데, 점심시간에 기독교부 선배가 기독교부 1학년 후배들을 운동장에 불러모았다. 그리고 이렇게 물었다.

"요즘 사순절인데, 너희는 어떻게 지내니?"

'사순절?' 당시 내가 다니던 교회는 사순절을 따로 지키지 않았기에 사순절이라는 단어가 생소했다. 지금도 사순절을 지키는 교회가 있고 지키지 않는 교회가 있는데, 사순절은 절기라기보다 예수님의 죽으심과 십자가를 묵상하며 회개와 금식을 통해 주님께 더 가까이 나아가는 교회의 전통이요, 특별한 기간이다.

어찌되었든 당시에 사순절은 익숙한 개념이 아니었고, 내게 더 충격으로 다가온 것은 나보다 고작 한 살 선배인데, 사순절을 어떻게 지내고 있는지 묻는 것이 놀라웠다. 한 살 차이인데, 나와 는 신앙의 수준이 전혀 달라 보였다. '나는 모태신앙이고 지금까 지 교회에 거의 빠지지 않고 다녔는데, 예수님의 십자가 죽음을 왜 묵상하지 않았지?' 그리고 '예수님을 따라 산다는 것은 무엇 이지?' 정말 진지하게 고민한 적이 많이 없었던 것 같다.

그 날의 기억은 지금도 잊혀지지 않는다. 그리고 다시 3개월이 흘러 여름 방학이 되었다.

명백한 죄인, 선명한 부르심

그 당시 내가 본 교회로 섬기던 감람교회에서는 여름에 주로 교회에서 운영하는 기도원에 가곤 했다. 고등학생이 되고 나서 가게 된 첫 수련회였다. 3박 4일의 수련회 기간 중에 하이라이트 는 셋째 날, 단연코 마지막 날이 아니겠는가? 그러나 나는 별 기 대 없이 저녁 집회에 참석하였다.

그 날 유명한 외부 강사가 오는 것도 아니었고, 얼마 전에 새 로 부임하신 남자 전도사님이 저녁 설교를 하고 계셨다. 나는 우 두커니 말씀을 듣다가 모두 원을 그리고 둘러앉은 자리에서 다시 그 날 메시지의 중심이었던 '십자가'를 묵상하게 되었다. "십자가란 무엇인가?", "나의 죄는 무엇인가?" 늘 듣던 메시지였는데, 그 순간 십자가의 대속의 은혜가 무엇인지를 깨닫게 되었다.

지난 가을과 겨울, 학교 친구들과 어울려 다녔던 그때가 영화처럼 스쳐지나가기 시작했다. 그 친구들이 다니면서 했던 일들, 친구를 통해 건네받은 소니 시디플레이어…. 그러다가 문득 내가 얼마나 큰 죄인인지가 생애 처음으로 깨달아졌다. 시간과 여건과 환경만 맞으면 얼마든지 탐욕스럽게 남의 것을 빼앗고 취할 수 있는 악한 본성이 내 안에 감추어져 있음을 본 것이다. 하나님의 섭리적 은혜로 그것이 억제되었을 뿐, 내 안에 숨겨진 죄성의 실체를 바로 그 날 보게 된 것이다.

그렇게 심적으로 괴로워하고 있을 때, 갑자기 내 속 깊은 데서 세미하고 부드러운 음성이 들려왔다.

"다위야, 다위야. 그래서 내가 십자가에서 너를 위해 대신 죽어야만 했단다."

나는 명백한 죄인이었다. 예수님은 바로 나의 죄 때문에 돌아가셨다. 예수님이 죄를 사하지 않으셨다면 나는 지옥에 갈 수밖에 없는 죄인이다. 예수님께서 섭리적 은혜로 붙잡아주지 않으셨다면, 어떠한 죄도 지을 수 있는 자가 바로 나였다. 그러니 누구를 죄인이라고 정죄할 수 없고, 그에게 돌을 던질 수도 없다. 내가 바로 그 죄인이요, 여전히 죄성을 가지고 살아가는 연약한 자이기 때문이다.

내 안에서 들려온 그 음성이 예수님의 음성임을 직감했다.

'아, 주님이시구나.'

"주님, 제가 죄인입니다. 제가 죄를 지었습니다. 저를 용서해 주세요."

주님 앞에 나의 죄를 인정하고 고백할 때 주체할 수 없는 눈물이 흘렀다. 나는 콧물과 침으로 범벅이 되어 통곡하며 울었다. 내가 그렇게 울자 주위에 있던 교회 선후배들이 무슨 일인가 싶어서 나를 쳐다보기 시작했다. 그들의 시선이 느껴지기는 했지만, 그것은 중요하지 않았다. 나는 지금 주님 앞에 무릎을 꿇고 주님과 독대하는 시간이었다. 주님께서 나의 죄를 위해 죽으심이 분명히 믿어진 그 순간, 주님의 부르심이 이어졌다.

"다위야, 나의 종이 되어 복음을 전하는 자가 되거라."

주님의 선명한 부르심 앞에 나는 "아멘"으로 답하였다. 사실 나는 음악을 좋아했기 때문에 CCM 가수가 되는 길도 심각하게 고려한 적이 있었다. 그러나 그 후로는 복음과 말씀을 전하는 목회자로서의 길로 방향을 정하였다. 하나님의 구원하시는 1차 소명과 복음을 전하는 사명으로의 2차 소명이 나에게 동시에 일어난 날이었다.

다른 사람들이 알아들을 수 있도록 복음을 전하는 능력

주님의 음성을 듣고 부름을 받은 날 이후로 내게 변화가 일어났다. 나는 본래 말을 잘하지 못했다. 남들 앞에 서면 얼굴이 빨개지고 말을 좀 더듬는 습관이 있었다(물론 지금도 약간 그렇긴 하지만 많이 좋아졌다). 그런데 그 날 예수님의 십자가 복음을 믿고 성령이 임하는 체험을 한 이후로 담대히 말을 하기 시작했다. 교회에서도 학생회 회장으로 선출이 되고, 고등학교에서도 기독교부 회장이 되면서 앞에 나가 말을 해야 할 일들이 많았는데 말을 술술 하기 시작한 것이다. '내가 이렇게 말을 잘했었나?' 나를 아는 이들은 내가 원래부터 그렇지는 않았다는 것을 잘 안다.

그런데 그 날 이후 하나님께서 주시는 말을 비교적 논리적으로, 담대하게 전할 수 있게 되었다. 무슨 차이일까? 당시에는 잘 몰랐는데 나중에 신학을 공부하면서 깨달은 것이 있다. 사도행전 2장에 보면 오순절 날 성령이 임하였을 때, 그곳에 모인 이들이 방언을 말하게 되는데, 그 방언의 특징은 단지 다른 나라 말이 아니라 상대방 나라의 언어였다. 즉 내가 하고 싶은 말을 일방적으로 전하는 것이 아니라 상대방이 알아들을 수 있는 말과 언어로 소통하는 것이 오순절 성령 강림 방언의 특징이었다. 사도행전을 공부하면서 깨닫게 된 것이 바로 이 점이다. 내가 회심을 하고 성령이 내주하시면서 이제는 다른 사람들이 알아들을 수 있도록 복음을 전할 능력과 은사가 주어진 것이다. 이것은 전적으로 하나님이 주신 은혜로 인한 선물이다.

그래서 지금도 나는 강단에서는 비교적 말을 어렵지 않게 하는 편이지만, 강단에서 내려오면 상대적으로 말을 잘하지 못한다. 차이는 성령이 임재하시고 역사하시는 말인가 아닌가의 차이이다. 성령께서 시키시는 말은 거침없이 나온다. 그렇기 때문에 나는 성령을 의지하면서 주님이 전하라는 말씀만 가감 없이 담대히 전하게 해달라고 기도하곤 한다. 훗날 하나님의 복음 사역자로 쓰임받을 수 있도록 하나님께서 나에게 예비하신 섭리적인 은혜임을 믿기에 감사하지 않을 수 없다. 모든 것이 주님이 주신 은사이다.

믿음의 대가 지불

내가 다니던 고등학교는 단군의 홍익인간 사상에 근간하여 창학이 된 학교였다. 민족의 정통성을 지키는 이념에 뿌리를 두다보니 특정 종교에 매이는 것은 아니었지만, 그렇다고 기독교에 대해 친화적이거나 중립적이지도 않았다. 당시 교내에 기독교부가 있는 것을 보고 어떤 선생님은 학교의 정체성과 맞지 않는 기독교 동아리가 왜 있냐고 이의를 제기하기도 했다. 내가 기독교부 회장이 되기 바로 직전인 1995년 12월에는 기독교부가 곧 폐지될 것이라는 공고가 붙었다. 이에 당시 기독교부 회장이 학교에 항의하다가 결국 교무실로 불려갔고 머리를 삭발당하고 말았다.

결국 기독교부는 하루아침에 사라졌고, 나는 사라진 기독교부의 회장직을 물려받았다. 어떻게 해야 할까? 비록 공식적인 부서는 사라졌지만, 나를 비롯한 기독교부 회원들은 1996년 한 해, 지하교회를 세우고 예배와 기도, 찬양을 쉬지 않기로 했다. 부회장과 찬양부장, 기도부장을 각각 세우고 어떤 날은 음악실에 모이고, 어떤 날은 운동장에 모였다. 이 소식을 들은 학교 앞에 있는 한 감리교회가 자리를 내주어서 그 교회에서 기도회를 갖기도 했다. 그들은 믿음의 동지들이었고 투사였다. 1년간 우리가 한 일은 캠퍼스 선교의 전초 기지인 기독교부가 부활되도록 기도하는 일, 찬양과 예배의 흐름이 끊어지지 않도록 믿음의 대가를 치르는 일이었다.

당시 우리 집은 도곡동에서 일산으로 이사를 간 뒤였다. 일산에서 대치동에 있는 학교까지 오려면 버스와 지하철을 갈아타며 편도 2시간, 왕복 4시간이 소요되었다. 게다가 고3을 1년 앞둔 시기에 학업도 소홀히 할 수 없었다. 그러나 아무리 집이 멀고 입시가 중요해도, 그 때 나에게는 기독교부의 정체성을 지키고 신앙의 유산을 후배들에게 물려주는 일이 가장 중요했다. 비록 왕복 4시간을 통학하며 육신은 고단했지만 믿음의 동지들과 찬양하고 기도하면서 내 영혼은 더욱 강건해졌다. 나는 부르신 자리를 지키는 일에 결코 소홀할 수 없었다.

어찌보면 당시 학교로서는 당연한 조치를 취한 것일 수 있다. 하지만 오랫동안 기독교부의 명맥을 이어온 입장에서 그것은 불공정한 조치였고 박해 아닌 박해였다. 하나님은 고등학교 1, 2학년 학생들이 감당할 만한 역경을 주셨고, 우리는 우리의 대가를 지불했다.

1996년 한 해 동안 학교에서 지하교회 성도처럼 치열한 1년을 보내고 이제 고등학교 3학년이 되려고 할 때, 한 신학교 학보사에서 취재를 위한 인터뷰 요청이 왔다. 강제적으로 폐지된 기독교 동아리를 다시 살리기 위해 몰래 예배하는 이들이 있다는 소문이 퍼졌기 때문이다. 그 인터뷰 때문이었을까? 아니면 기도의 응답이었을까? 내가 고3이 되던 해, 기독교부 동아리는 1년 만에 다시 부활했다.

나는 그 때 작은 교훈을 배웠다.

"하나님의 섭리를 믿고 믿음의 대가를 지불한다면, 그것은 결코 헛되지 않다."

고등학교 때 치렀던 이 믿음의 싸움의 경험은 향후 목회를 하며 선한 싸움을 치르는 데 귀한 밑거름이 되었다. 실제로 신학교에서도, 미국에서도, 나의 삶은 믿음의 투쟁의 연속이었다.

아내와의 만남 속에 담긴 섭리.

누가 현숙한 여인을 찾아 얻겠느냐 그의 값은 진주보다 더 하니라

잠 31:10

신학교에 입학하기 전 나에게는 친한 친구가 있었다. 그 친구는 고등학교에서 만난 친구인데, 그는 졸업 후 한동대에 입학하고 나는 감리교신학대학교 신학과에 입학을 하게 되었다. 새 학기가 시작되기 전부터 그 친구는 내게 좋은 자매를 소개시켜준다고 했다. 그러나 나는 일단 한 학기를 지내보겠다고 했다. 좋은 자매를 감신에서 만나게 될지 혹시 아는가? 그렇게 한 학기가 흘렀다. 어떻게 되었을까? 아무런 만남의 역사도 일어나지 않았다.

한 학기를 마치자 그 친구는 약속한 대로 '그 자매'를 소개시켜주었다. 알고 보니 그 자매는 내 친구와 동갑내기 사촌이었다. 여름방학이 되어 집으로 놀러 온 친구와 하룻밤을 보내고 드디어 만나기로 한 신촌 그랜드 백화점 앞에 도착했다. 그런데 약속 시간이 되었는데 오기로 한 그녀는 오지 않았다. 시간 약속에

민감했던 나로서는 첫 만남부터 뭔가 이상하다는 느낌이 들었다. 10분, 20분을 기다려도 오지 않았다.

당시에는 휴대폰이 없고 삐삐를 쓰던 시대라 친구가 급히 그녀에게 연락을 취했는데 나중에 연락이 왔다. 우리가 만나기로 한 곳은 신촌에 있는 '민들레영토'라는 카페였는데, 자매는 대학로에 있는 민들레영토인 줄 알고 그곳으로 향하고 있었던 것이다. 이 이야기를 듣자마자 당시 유행하던 '잘못된 만남'이라는 노래가 내 귀에 울렸다. 순간 하나님께서 이 만남을 막으시나보다 생각했다. 이것은 어긋난 만남, 잘못된 만남이 아닌가? 결국 기다리던 그녀는 한 시간 뒤에 나타났다.

안 되는 것도 하나님의 섭리다

그러나 오랜 시간을 기다린 보람이 있었다. 그녀는 생각보다 키가 컸고 매력적이었으며, 무척 밝은 성격의 소유자였다. 무엇보다 5대째 믿는 집안으로 신앙적인 대화가 술술 되었다. 카페에 앉아 대화를 하는 동안, 내 친구는 지금껏 갈고닦은 실력으로 피아노를 연주하며 분위기를 연출해주었다. 지금 돌아보면 그 친구에게 참 고맙다. 나는 그 자매와 시간 가는 줄 모르고 대화를 나누었다. 무엇보다 대화가 유쾌하고 재미있으며, 기독교 신앙의 대화를 장시간 할 수 있다는 점이 무척 좋았다.

이렇게 그 자매와의 만남이 시작되었다. 그리고 이제는 나의 평생의 반려자요 동반자요 둘도 없는 영혼의 단짝이 되었다. 돌이켜보면 신학교 1학년 당시에 학교에서 어느 자매와도 만나지 않은 것이 하나님의 섭리였다. 호감이 가는 사람이 있어도 하나님은 대화도 나눌 단 한 번의 기회도 허락하지 않으셨다. 종종 젊은이들과 연애 이야기나 상담을 할 때가 있는데 그때 이 말을 해주곤 한다.

"안 되는 것도 하나님의 섭리입니다"

하나님이 허락하시지 않는 만남을 굳이 이으려고 하다가 평생 불행해지느니, 안 되는 것을 하나님의 뜻으로 받아들이는 것이 훨씬 낫다. 지금의 아내가 아닌 다른 사람을 만난다는 것은 상상할 수 없는 일이다. 내 삶은 모든 것이 하나님의 은혜요, 부모님의 기도와 사랑이요, 아내의 영적, 정서적 내조 덕분이기 때문이다. 부모님의 만남도 섭리이지만, 나와 아내의 만남도 하나님의 예비하심 가운데 이루어진 섭리였다.

혹시 수월하지 않은 연애 문제로 고통스러워하는 청년들이 있는가? 너무 괴로워하지 말라. 하나님께서 가장 좋은 자를 이미 예비하셨음을 믿으라. 안 되는 것도 섭리임을 믿을 때, 우리 마음은 한결 평안해진다.

아내의 신앙, 믿음의 유산

나의 나 된 것은 모두 하나님의 은혜요, 부모님과 장인어른, 장모님, 온 가족의 사랑과 기도 때문이었지만, 그와 더불어 가장 중요했던 만남을 꼽으라면 단연코 아내를 만난 것이다. 하나님께서 아내를 만나게 하신 것은 그분의 놀라운 섭리였다. 아내는 밝고 쾌활해 보였지만 사실 아내의 가정은 온갖 시련과 고난이 많았다.

아내의 증조할아버지는 감리교신학대학교를 졸업하신 목회자셨다. 작은할아버지는 한국기독교장로회 목사로서 평생 신실하게 목회하다가 은퇴하셨다. 아내를 키워주신 할머니는 삼각산과 기도원에서 늘 기도하던 분이셨다. 내가 아내와 교제할 때 종종 인사를 드리면, "다위 학생, 불 받아야 돼!" 이렇게 힘주어 강조하시며 나를 위해 기도해주셨다.

아내의 가정은 70년대 한국의 뜨거웠던 기도원 신앙, 부르짖어 기적과 은사를 체험하는 신앙을 물려받은 가정이다. 아내도 그 영향을 받았고, 그래서 무슨 일이든 믿음으로 돌파하고, 기도로 나아가는 신앙이었다. 하나님께서는 나에게 가장 맞는 배우자를 예비해두셨고, 나와 아내는 서로에게 선한 영향력을 주며 서로 닮게 하셨다. 미국 이민 교회에서 종종 이런 말을 듣곤 했다.

"목사님이 목회 49퍼센트 하시고, 사모님이 51퍼센트 하셨지요."

어떤 분은 "사모님이 60퍼센트 그 이상이에요"라고 하시기도 했다. 그만큼 아내는 어머니로서 아내로서 사모로서 내조를 잘 해주었다. 나는 그런 아내를 만나게 하신 하나님의 섭리를 찬양하며 감사하지 않을 수 없다.

게임 중독, 게임 대회 우승까지.

그러나 내가 긍휼을 입은 까닭은 예수 그리스도께서 내게 먼저 일체 오래 참으심을 보이사 후에 주를 믿어 영생 얻는 자들에게 본이 되게 하려 하심이라 딤전 1:16

신학교에 입학한 후, 목회자의 길을 간다는 부푼 꿈을 안고 수업에 임하였다. 그러나 교양 필수로 듣게 된 어느 수업으로 나는 혼란을 겪기 시작했다. 교수님은 마치 모든 종교가 다 하나이며, 결국에는 커다란 강에서 만난다는 식으로 학생들을 가르치셨다. 돌이켜보면 그것은 종교다원주의였다. 신학교에 입학하기 전부터 아버지께서는 자유주의신학의 문제에 대해서, 종교다원주의의 위험성에 대해서 가르쳐주셨다. 그래서 이미 어느 정도 알고 있었는데도 막상 수업을 듣고 보니 조금씩 내 믿음이 흔들리기 시작했다.

그러나 감사하게도 하나님의 은혜와 도우심으로 오직 예수 그리스도에 대한 믿음을 지켜낼 수 있었다. 대신 타종교에 대한 이해의 폭이 넓어지는 계기가 되었다. 다원화된 사회 속에서 타종교인들에게 복음을 전하고 선교를 하려면 어떠한 접촉점이 있어야 하는지, 무엇이 같고 무엇이 다른지 그 수업을 통해 이슬람교, 힌두교, 불교를 믿는 이들에게 얼마나 더욱 복음이 필요한지를 보게 되는 시간이 되었다. 이 수업을 통해 나의 고백은 더욱 분명해졌다.

"구원으로 가는 길은 오직 하나, 예수 그리스도, 이 외에 다른 길은 없다."

예수 그리스도, 우리의 사랑과 열정의 대상

그럼에도 불구하고 1학년 방황의 시기에 부작용이 하나 있었다. 바로 게임이었다. 하나를 하면 제대로 해보자는 습성이 있던 터라, 전략 시뮬레이션이라는 게임에 맛을 본 후로 거기서 빠져나오기가 쉽지 않았다. 꽤 오랜 시간을 투자하여 연습하니, 이제는 주위에서 나를 이길 사람이 없었다.

그러다가 학교에서 신학과 학생회 주최로 제1회 게임 대회가 열렸고 나는 거기에 출전했다. 재야의 고수들은 출전하지 않았다는 후문이 있기는 하지만, 어쨌든 32강부터 결승까지 진출하였고, 마지막 결승전 상대는 다른 대학에서 우승한 친구로 만만치 않은 상대였는데 가까스로 승리할 수 있었다. 그런데 막상 게임 대회에서 우승까지 하고 보니 이제는 그 게임이 하기 싫어졌다. 그리고 군 입대를 하며 자연스럽게 게임에서 멀어지게 되었다.

목회를 하다보면 종종 자녀들의 게임 중독 때문에 상담과 기도 부탁을 하러 오시는 분들이 있다. 열 몇 시간을 게임만 하고 심지어 부모님에게 짜증과 화를 낸다는 것이다. 자녀가 하루에도 몇 시간씩 게임만 하고 있는 모습을 보는 부모의 마음이 얼마나 아플까? 그런데 사실 게임 중독은 아이들만의 문제가 아니다. 어른들도 마찬가지다. 세상에서 인정받지 못하는 아이들이 게임의 세계에서는 강력한 캐릭터가 되어 그 세상을 지배한다. 어쩌면 아이들은 치열한 경쟁 속에서 이렇게나마 세상을 회피하고픈 창구로 게임을 택한 것인지도 모른다.

그리고 요즘 게임은 레벨업 제도가 있어서 오랜 시간을 투자한 이상 거기서 도저히 빠져나올 수 없도록 시스템을 만들어놓았다. 그래서 중독 문제가 더욱 심각하다. 한 어머니께서 게임 중독에 빠진 자녀를 위해 기도 부탁을 하시길래 이렇게 말씀드렸다.

"어머니, 기도하십시다. 주님의 일하심을 신뢰하십시다. 아들이 그렇게 게임 중독에 빠진 것은 예배의 대상을 잘못 찾아서 그런 겁니다. 지금은 그 아이가 열정적으로 게임을 사랑하지만, 그 사랑의 대상이 게임에서 주님으로 바뀐다고 생각해보세요. 그 아이는 하나님나라의 일꾼으로 크게 쓰임받을 것입니다. 악한 마귀가 그 아이를 사로잡으려 하지만, 하나님의 손이 더 강하십니다. 죄악보다 하나님의 은혜가 더욱 큽니다. 그러니 이렇게 기도하십시다. '주님, 이 아이의 예배의 대상, 갈급함의 대상이 게임이 아니라 오직 주님께로 향하게 하시고, 오직 주님만이 유일한 기쁨과 소망이 되게 하소서.'"

게임 중독에서 예수 중독으로

내가 그렇게 이야기하고 기도한 이유가 있다. 그것이 하나님의 약속일 뿐만 아니라 바로 나의 경험이었기 때문이다. 사도 바울은 회심하기 이전에 열심히 그리스도인들을 잡아 옥에 가두던 사람이었다. 그의 열심은 방향이 잘못되었다. 그러나 주님은 사울의 그 열정을 높이 보셨다. 그 열정이 방향만 제대로 바뀌면 하나님의 택한 그릇이 되어 이방인을 향한 사도가 될 수 있음을 미리 아셨고 택하셨다.

나는 신학교 초반에 게임에 중독이 되어 게임에 이기기 위해서 많은 시간을 쏟아부었다. 돌이켜보면 게임 대회에서 우승한 것은 자랑이 아니라 부끄러운 일이다. 물론 이것이 도움이 된 적도 있었다. 청소년 사역을 할 때, 내가 게임 대회에서 우승을 했다고 하면 어떤 아이든지 그 자리에서 무릎을 꿇고 나를 형님으로 모셨다.

하나님은 게임 중독마저도 악을 선으로 바꾸셨다. 하나님나라를 위한 전략가가 되어 하나님나라의 선교 동원가로 부르시는 것이다. 주님은 나를 '게임 중독자'에서 이제는 '예수 중독자'로 바꾸셨다. 그리고 게임에 쏟았던 열정과 에너지를 말씀 연구와 묵상과 신학 공부에 매진하게 하셨다. 그리고 이제는 나 자신이 먼저 나는 죽고 예수로 살며, 예수님과 동행하기 위해 힘쓰고, 그럼으로써 다른 이들을 예수님을 따르는 제자로 세우고, 그들이 또한 다른 제자를 세울 수 있도록 인도하신다. 그러한 공동체를 세우게 하시고, 사탄에게 빼앗긴 하나님나라의 영토를 되찾는 일에 헌신하도록 이끄신다.

이 모든 것이 하나님나라의 영적 전쟁이다. 우리는 우리의 사령관이신 주님의 명령에 순종하여 이 전쟁을 감당하고 있다. 게임 중독은 악한 일이지만, 하나님께서는 그 중독에 빠진 이들마저 하나님나라의 강한 군사가 되도록 섭리하실 수 있는 분임을 믿는다.

군입대를 위한 금식과 응답.

일을 행하시는 여호와, 그것을 만들며 성취하시는 여호와, 그의 이름을 여
호와라 하는 이가 이와 같이 이르시도다 너는 내게 부르짖으라 내가 네게
응답하겠고 네가 알지 못하는 크고 은밀한 일을 네게 보이리라 렘 33:2-3

나는 2000년 1월 1일 파주에 있는 한 금식기도원에서 3일간
신년 금식기도에 들어갔다. 그때 나는 3월 군 입대를 앞두고 있
었고, 군종병이 되고 싶은데 군종병이 되기 어려운 상황이었다.
지금은 자신의 병과를 지원할 수 있게 되어 있지만, 그때는 신학
생이라 하더라도 타이밍이 좋지 않으면 군종병이 되기가 불가능
했다. 일단 자리가 나야 하고, 자리가 나더라도 수많은 신학생
들 중에서 선발이 되어야 한다. 또한 군종병 보직이 있는 곳은 연
대급 이상이다. 그러나 나는 연대급 이상에서 군종병으로 교회를
섬길 수 있게 해달라고 하나님께 기도했다.

"주님, 제가 연대급 이상 군종병으로 섬길 수만 있다면 저를 최

전방으로 보내주소서."

그때 함께 기도원에 갔던 지금의 아내와 아내의 작은 고모님도 나를 위해 함께 기도해주었다. 그런데 기도하던 중에 놀라운 음성이 들렸다.

"너 정말 최전방이라도 좋으냐? 알았다. 내가 너의 기도를 들었다."

말할 수 없는 평안함이 밀려왔다. 하나님께서 나의 기도를 들으셨다는 확신이었다.

최전방 부대 사단 군종병으로

3월에 춘천 제102보충대에 입소하여 부모님께 "충성" 인사를 드리고 그곳에서 며칠을 보낸 다음 나는 21사단 백두산부대로 자대 배치를 받았고, 그곳 신병 훈련소에서 훈련병으로서 생활을 시작했다. 1주차가 지나갈 때 즈음, 사단 군종참모님이 방문하셔서 정신교육을 마친 이후에 갑자기 신학생들은 앞으로 나오라고 하셨다. 약 20명이 넘는 훈련생들이 앞으로 나왔던 것 같다. 그리고 어느 학교를 다녔는지, 몇 학년인지, 운전면허와 경력이 있는지 세세히 물어보셨다. 순간 군종병을 뽑고 있다는 느낌이 들었다. 지원자가 많았지만 나는 1월에 주님이 주신 마음을 붙잡고 기도했다.

'주님, 주님께서 허락하신다면 이 자리를 제게 주세요.'

훈련소 생활을 끝마치고 나는 사단 본부로 발령을 받았다. 알고 보니 연대 군종병이 아니라 사단 군종병으로 보직을 받은 것이다. 하나님께서 말씀하신 대로였다. 그런데 놀랍게도 그때 기도한 그대로 그곳은 제4땅굴과 GOP 부대가 있는 최전방 부대였다. 하나님은 나의 세세한 기도를 다 듣고 계셨던 것이다. 더 나아가 나는 연대급을 구하였지만, 하나님은 그 이상으로 응답하셔서 나를 사단급으로 보내주셨다.

이렇게 해서 나의 군생활은 시작되었다. 이후 백두산교회라는 영외 교회에서 남은 2년의 군생활을 보냈는데, 청소년부 아이들을 지도하고, 새벽기도회 차량 운행, 신병교육대 세례식을 섬기며, 군종목사님을 도와 군선교에도 헌신할 수 있었다.

자네 방언 받았나?

내가 만일 방언으로 기도하면 나의 영이 기도하거니와 나의 마음은 열매
를 맺지 못하리라 그러면 어떻게 할까 내가 영으로 기도하고 또 마음으로
기도하며 내가 영으로 찬송하고 또 마음으로 찬송하리라 **고전 14:14-15**

나를 선발해주신 목사님은 성함이 '지도자'이셨다. 성함 자체
가 '지도자'이시니 누가 뭐래도 그 분은 지도자셨다. 내게는 잊을
수 없는 귀한 분이다. 목사님은 성결교 출신이셨기 때문에 감리
교와는 신학적으로 형제 교단이며 중생과 성화를 강조하셨다.

어느 날 문득 목사님이 내게 물으셨다.

"자네, 방언 받았나?"

뜬금없는 물음에 나는 잠시 기다렸다가 대답했다.

"아직… 못 받았습니다!"

영으로 하는 기도

"자네, 방언 받아야 하네. 사도 바울도 '너희가 다 방언 말하기를 원하고 방언 말하기를 금하지 말라'고 하지 않았나(고전 14:5,39). 방언은 영으로 기도하는 것이네. 그러니 방언을 달라고 구하게."

참모님의 명령과 같은 말씀에 "알겠습니다!" 대답을 하고 그날 이후로 나는 무슨 기도를 하든지 "주님, 방언을 주소서"라고 간구하였다. 그렇게 6개월을 기도했지만 나는 여전히 방언을 받지 못했다. 이러한 나의 고투를 아셨는지, 지도자 목사님께서는 학생회 아이들을 데리고 여름연합수련회에 다녀오라고 하셨다. 나는 순종하는 마음으로 아이들을 인솔하여 수련회에 가게 되었다.

당시 나는 아이들을 맡고 있었기 때문에 아이들의 형편과 사정을 잘 알고 있었다. 아이들은 순수하고 순박했다. 그러나 몇몇 아이들은 구원의 확신을 누리지는 못하고 있었다. 3박 4일의 집회 기간 동안 나는 아이들의 영혼 구원을 위해 간절히 기도했다. 그 기간 내내 참여한 수천 명의 학생들은 자신의 죄를 고백하며 회개하였고, 나는 이 아이들을 위해 3박 4일 내내 부르짖게 되었다. 그런데 놀랍게도 아이들을 위해 오래도록 기도하다가 내가 그토록 바라던 방언을 받게 되었다.

"아, 이것이 영으로 기도한다는 것이구나."

아이들을 위해 중보기도를 하다가 기다리던 방언을 하게 되자 내 영은 기쁨과 충만을 누리게 되었다.

성령 부어주심

나는 그 날 이후로, 더욱 담대히 선포기도를 할 수 있게 되었다. 내가 원하는 기도가 아니라 주님이 원하시는 기도를, 성령을 통해 내 영이 기도하도록 하자 악한 영들이 두렵지 않게 된 것이다. 이미 예수님께서 십자가에서 완전한 승리를 이루셨고, 그분의 보혈이 모든 죄를 덮어주셨다.

돌이켜보면 그날의 경험은 나에게 성령 세례와 같은 경험이자 또 한번의 회심과 같은 경험이었다. 물론 회심은 한 번이고 주 예수를 믿을 때 성령이 내주하신다. 하지만 내주하신 성령이 더욱 충만해지는 경험을 한 것이다.

그 날 이후로 나는 악한 영이나 귀신과도 대적할 수 있는 용기와 담대함을 얻게 되었다. 이는 훗날 사역을 할 때 성도들을 묶고 있는 죄와 악한 세력을 물리칠 때 큰 도움이 되었다. 이 모든 것이 기다림과 인내를 통해 성령을 충만히 부어주신 하나님의 섭리라고 믿는다.

주여, 나를 써주소서.

철이 철을 날카롭게 하는 것 같이 사람이 그의 친구의 얼굴을 빛나게 하느니라 잠 27:17

아버지는 내가 군에 있을 때부터 내가 읽어야 할 책들을 선별하여 보내주곤 하셨다. 아버지는 1984년 개척하여 담임하시던 평화의교회를 사임하시고, 구덕관, 박봉배 학장님의 간곡한 요청에 따라 감리교신학대학교에서 실천신학 교수로서 예배학, 설교학, 감리교 교리와 장정, 목회와 영성을 가르치셨는데, 내가 복학하기 전부터 미리 학업을 준비할 수 있도록 도와주신 것이다. 그래서 틈날 때마다 아버지가 보내주시고 추천해주신 책을 읽으며 전역을 준비하였고, 2003년 5월 전역한 이후 오직 말씀 연구와 신학 공부에 나의 시간과 에너지를 집중적으로 투자하였다.

바이블모스 친구들

신학교 4학년으로 복학한 이후, 동기였던 고요한을 비롯한 신학교 친구들과 후배들과 함께 복음주의를 기반으로 한 말씀 연구 동아리를 만들었는데, 그 이름이 '바이블모스'(Biblemoth)였다. 이 이름은 존 웨슬리의 별명이었는데 "성경벌레"라는 뜻이다. 바이블모스는 존 웨슬리의 홀리클럽과 같이 성경 연구와 묵상, 신학 서적 연구와 토론, 기도, 전도, 경건 훈련에 힘쓰는 그룹이었다.

우리는 매일 매주 읽어야 할 책들과 해야 할 경건 훈련들을 표로 만들어 체크하면서 상호책임을 가지고 서로 격려해주었다. 성경 읽기와 통독은 기본이고, 목회를 하려면 적어도 한두 시간씩 무릎 꿇고 기도할 수 있어야 하니까 무릎 꿇고 기도하는 훈련도 매주 가지곤 했다. 학교 수업이 9시에 시작하는데, 1시간 일찍 학교에 도착하여 대학원 건물의 맨 꼭대기 기도실에 모여서 통성으로 부르짖으며 기도했다.

영락기도원을 비롯해서 여러 기도원을 찾아가 기도하기도 했다. 그때 기도했던 기도의 제목은 '한국 교회의 부흥과 갱신'이었다. 그 당시에 한국 교회는 이미 70-80년대 부흥의 시기가 지나고 90년대 들어 정체되던 시기였고, '서태지와 아이들'을 비롯한 세상의 대중문화가 교회문화를 이미 앞서 나가고 있던 시기였다. 우리는 한국 교회의 부흥을 위해 날마다 모여 1시간씩 기도하였다.

"주님, 우리를 써주소서. 18세기 영국을 변화시킨 존 웨슬리 목사님과 같이 한국과 세계 열방을 다니며 복음을 전하는 전도자로 우리를 사용하소서. 복음이 땅 끝까지 전해지도록 만민에게 복음을 증거하게 하소서."

얼마나 소리 지르며 기도했는지 모른다.

하나님은 준비된 사람만 쓰신다

일시이무(一矢二無)라는 말이 있다. "마지막 남은 단 한 개의 화살만 있고 그다음은 없다"라는 뜻이다. 한 번 사는 인생을 하나님 안에서(in), 하나님을 향해(toward), 하나님과 함께(with) 살자는 것이다. 그 당시 우리는 이런 이야기를 서로 주고받았다.

"하나님께서는 시대마다 쓰시는 종들이 있었다. 누구나 주의 손에 붙잡힌 바 되어 부름 받아 쓰일 수 있지만, 그분은 아무나 쓰시지 않는다. 누구에게나 기회가 오지만, 준비된 사람만 쓰신다. 그러므로 주님이 언제 어떤 모양으로 쓰시든지, 마음껏 쓰실 수 있도록 준비하자" 이렇게 서로를 격려했다.

학교 수업이 있는 날이면 아침마다 기도하곤 했는데, 지금 돌이켜보니 많은 분들에게 민폐가 된 것 같다. 왜냐하면 대학원 건물 꼭대기에서 기도하면 기도 소리가 캠퍼스 전체에 울려 퍼졌을 것이기 때문이다. 물론 수업이 시작되기 전이기도 하고 신학교에서 기도한다고 핍박할 사람들이 있겠느냐마는 그때 우리는 구령의 열정으로 불타오르고 있었기 때문에 그런 눈치를 볼 겨를이 없었다.

그러나 감사하게도 그때 훈련했던 기도들과 말씀 연구와 신학 연구들이 훗날 목회의 기초가 되었다. 지금도 무릎 꿇고 기도하는 것이 크게 어렵지 않은 이유가 그 기도 훈련 때문이다. 어떠한 문제가 생겨도 기도의 자리로 나아갈 수 있었던 것도 바로 그때 기도 훈련 때문이다.

그때 감리교 신학 뿐만 아니라 존 칼빈, 조나단 에드워즈와 청교도 신학을 비롯한 복음주의 신학들, 헤르만 바빙크, 게할더스 보스 등 개혁주의 신학을 섭렵하며 신학의 폭을 넓혔던 것이 훗날 복음주의 신학의 기초를 다지는 데 큰 도움이 되었다.

무엇보다 신학교 4학년 시절, 감신대 도서관에서 탐독했던 마틴 로이드 존스의 《로마서 강해》를 잊을 수 없다. 14권이나 되는 로마서 강해를 도서관에 앉아 시간 가는 줄 모르고 읽던 때가 있었다. 지금도 쉽지 않지만, 당시 나로서는 넘기 어려운 벽이 로마서였고, 마틴 로이드 존스를 통해 로마서의 큰 숲을 하나씩 헤쳐 나갈 수 있었다. 결국 4학년 내내 틈틈이 읽어도 다 읽을 수가 없었다. 그것을 알고 아내는 결혼하자마자 내게 첫 생일 선물로 로마서 강해 세트를 사주었다. 지금도 그것은 내가 아끼는 보물 중 하나다.

　돌이켜보면 그때 만났던 바이블모스 친구들이 있었기에 그나마 목회를 감당할 수 있었던 것 같다. 서로 위로해주고 격려해주고, 함께 기뻐하고 함께 울던 이들이 있었기에 우정이 무엇인지, 영적 여정을 함께 걷는다는 것이 무엇인지를 알게 되었다.

　그중에 후배이자 초창기 멤버였던 원정하 목사는 현재 선교사가 되어 인도 뭄바이의 슬럼(slum)에서 복음을 전하고 있다. 동기들 역시 한국 전역으로 흩어져서 지금도 목회자로서 부르신 곳에서 신실하게 사역을 감당하고 있다.

내가 너를 지명하여 불렀다.

야곱아 너를 창조하신 여호와께서 지금 말씀하시느니라 이스라엘아 너를 지으신 이가 말씀하시느니라 너는 두려워하지 말라 내가 너를 구속하였고 내가 너를 지명하여 불렀나니 너는 내 것이라 사 43:1

2003년 5월에 군 제대를 하고 하나님께서 나를 어디로 부르실지를 놓고 기도하기 시작했다. 군에서 군종병으로 훈련을 받으며 하나님께서 반드시 그다음 길을 예비해두셨으리라는 마음이 있었다. 그러나 막상 전역을 하고 나니 나를 불러주는 곳도, 갈 수 있는 곳도 없었다.

본 교회에서는 이미 신학교 3년 동안 있었기에, 이제는 다른 곳으로 사역을 나가야 하지 않겠는가 하는 마음이 있었다. 하지만 여름이 다 지나가고 있을 무렵, 사역할 수 있는 곳이 없었다. 문득 '하나님께서 왜 길을 열어주지 않으실까?' 마음이 조급해졌다.

그러던 중 동기의 소개로 어떤 교회를 찾아가게 되었는데 갑자기 그 교회에서 교육부 간사로 사역해보면 어떻겠냐는 제안을 받았다. 하나님의 명확한 응답을 받지 못한 상황이기는 했지만 제안을 거절하기는 쉽지 않았다. 이미 잘 알려진 교회였고, 여기보다 더 좋은 환경의 교회는 없을 거라고 생각했기 때문이다. 이런저런 고민을 하고 있을 때 다음달부터 편안한 마음으로 일단 와보라는 이야기를 듣고 교회를 나오게 되었다. 돌아오는 길에 하나님께서 여기로 인도하신다는 확신은 들지 않았지만 내심 이곳으로 가야겠다고 마음의 결정을 내렸다.

그리고 8월이 되어 가족들과 친구들이 함께 여름 휴가를 갔다. 한 횟집에 들러 모두 다 같이 활어회를 먹었는데, 그 날 저녁부터 컨디션이 좋지 않았다. 나 혼자만 식중독에 걸린 것이다. 나는 인생 처음 걸려본 식중독에 앓아 눕게 되었다. 심한 구토로 더 이상 아무런 힘이 남아 있지 않았다. 나도 모르게 하나님께 투정을 부렸다.

"하나님, 도대체 무엇이 문제인가요? 왜 이런 거예요?"

움직이기노 힘들어 누워서 하나님의 뜻을 구할 때 깨달아지는 것이 하나 있었다. 내가 주님께 묻지 않고 앞서갔던 것이다. 이것이 주님이 원하시는 길이겠거니 하고 영적 과속을 해버린 것이다. 사역지를 정하는 문제에 있어서 기도도 제대로 해보지 않고 결정을 내린 부분을 생각나게 하셨다.

그다음날, 둘째 누님이 자신이 꾼 꿈 이야기를 내게 해주었다. 내가 서너 살 정도의 어린 다위였고, 둘째 누님이 내 손을 잡고 큰 배의 갑판 위를 함께 걸어가고 있었다. 어린 나는 큰 배가 멋지다고 좋아하며 무척 들떠 있었다고 한다. 그런데 그 배는 사실 폭풍우를 만나 침몰할지도 모르는 위험한 상황이었다. 그래서 둘째 누님이 얼른 나의 손을 잡고 그 배에서 데리고 나왔다고 한다. 둘째 누님은 식중독을 앓고 있는 나에게 위로의 말을 전해주었다.

"하나님께서 너를 위한 길을 다 준비해주셨대. 네가 섬길 교회도 모두 예비해주셨대. 그러니 걱정하지 말자."

전화상이기는 했지만 누님의 그 말이 내게 큰 위로가 되었다. 그런데 누님의 꿈 이야기를 생각해보니 내가 가려고 하는 교회는 내가 있어야 할 곳이 아니라는 의미였다. 아무리 교회가 좋아도 하나님이 허락하시지 않는 교회가 있을 수 있다. 즉 주님께서 보내실 교회, 내가 가야 할 곳은 따로 있으니 머뭇거리지 말고 나오라고 하시는 것 같았다. 며칠 뒤 어머니의 정성이 담긴 추어탕을 먹고 기력을 회복한 뒤, 서울로 올라가 친구에게 내 사정을 전하였다.

"친구야, 미안하다. 어렵게 소개시켜주었는데, 내 사정이 이러해서 그 교회에 갈 수 없을 것 같아. 정말 미안해."

결국 그 교회의 교육부 신학생 간사로 부임하는 일은 없던 일이 되었다. 그렇다면 하나님께서 바로 그다음 사역지를 예비해 두셨는가? 또다시 2개월의 시간이 흘렀지만, 나는 역시 사역지를 찾지 못하였다.

예비하신 목회자와 교회를 만나다

2003년 10월 말이 되어도 사역지를 구하지 못하자 나는 정말 마음이 가난해지고 간절해졌다. 할 수 있는 것은 오직 기도밖에 없었다. 이제는 주님께서 말씀하지 않으시면 기근이 올지라도 움직이지 않겠다는 결단을 드렸다. 그리고 몇 주가 지났을 때 안산 광림교회를 담임하시던 유기성 목사님께서 11월에 성남에 있는 한 교회로 오시게 되었다는 소식을 듣게 되었다.

'유기성 목사님?' 목사님은 나를 모르시지만, 유기성 목사님은 내게는 잊을 수 없는 분이셨다. 군 입대를 하기 전 2000년 고난주간 기간, 수업을 듣다가 쉬는 시간에 내 옆자리에 앉아 있던 동기가 내게 설교 테이프를 하나 건네주었다.

"이게 뭐야?"

"유기성 목사님이라는 분인데, 한번 들어봐."

"유기성 목사님? 처음 듣는 분인데?"

생소한 이름이었지만 훗날 바이블모스 멤버가 되어 함께 공부했던 친구의 권유라 신뢰하는 마음으로 들어보기로 했다. 고난 주간이라 부흥회에 참석한 셈 치고, 집에 와서 곧장 말씀을 듣기 시작했다. 그 설교 테이프는 용두동감리교회에서 있었던 부흥회 말씀이었던 것으로 기억한다. '내 안에 계신 예수 그리스도'라는 다소 생소한 주제였다. 그 날 저녁 나는 눈물 콧물을 흘려가며 회개 기도를 드리게 되었다. '도대체 이 분이 누구신가? 내가 군 전역을 하면 이 분을 찾아가리라.' 바로 이것이 유기성 목사님과의 첫 만남이었다.

그 날 이성희라는 친구와 내가 같이 앉게 되었는데, 그것은 우연이 아니라 하나님의 섭리였다. 그 친구가 내게 테이프를 건네주었고, 그것이 내가 유 목사님을 처음 알게 된 계기가 되었다. 놀랍게도 내게 설교 테이프를 건네준 내 동기의 사촌 동생이 현재 선한목자교회에서 부담임목사로 사역하고 있다. 모든 것이 하나님의 미리 아심을 통해 보이지 않는 하나님의 손길로 이루어진 역사였다.

그 유기성 목사님이 안산에서 성남으로 오셨고, 그 교회가 지금의 선한목자교회였다. 그러나 아무리 유기성 목사님이라고 해도 섣불리 움직여서는 안 되지 않겠는가? 지난번과 같은 실수를 반복할 수는 없었다. 다시 한 달을 기도했다. 말씀으로, 기도로 두 번이나 확증을 받았다. 그리고 그 당시 그 교회에서 사역하시던 김동성 목사님이 아버지의 제자여서 김동성 목사님의 소개로 나는 유기성 목사님을 만날 수 있는 기회가 열리게 되었다.

여러 개의 화살을 예비하시다

그 날은 2003년 12월 6일 토요일이었던 것으로 기억한다. 그
렇게 처음 유기성 목사님을 만나뵙고 인사를 드렸다. 목사님께
서 무엇을 잘하느냐고 물으셔서 무엇이든 시켜주시면 열심히 섬
기겠다고 했다. 그 당시 나는 영상 편집을 할 줄 알았기 때문에
혹시 멀티미디어 분야에서 섬길 부분이 있으면 섬기겠다고 말씀
드리자 일단 내일 주일예배부터 참여해보라고 하셨다. 그렇게
해서 다음날 첫 예배를 드리게 되었고, 그다음 주부터 '멀티미디
어 간사'로 사역을 시작하게 되었다.

그때는 본당이 완공되지 않았기 때문에 6층이 본당이었는데,
방송실 부스에서 매번 예배할 때마다 얼마나 감격해서 울었는지
모른다. 지난 반년 동안, 주님보다 앞서 갔다가 어려움을 당하
고 헤맸던 때가 생각났고, 그럼에도 불구하고 연약하고 부족한
나를 건져주시고 이곳까지 인도해주신 주님의 은혜가 너무 감사
했기 때문이다.

하나님은 내게 단 하나의 화살만 주지 않으셨다. 감사하게도
여러 개의 화살을 예비해주셔서 내가 실수하더라도 나를 버리지
않으셨다. 다시 한번 내게 화살을 쥐어주셨다.

"다시 한번 해보렴. 이번에는 너무 조급해하지 마."

주님은 그렇게 나를 토닥여주셨다. 선한목자교회라는 사역지도 너무 감사했지만, 하나님이 나를 불러주시고 써주신 것만으로 정말 감사했다. 그렇게 메마르지 않는 눈물의 샘이 흘러넘쳤다.

선교사로 가렵니다.

내가 또 주의 목소리를 들으니 주께서 이르시되 내가 누구를 보내며 누가 우리를 위하여 갈꼬 하시니 그 때에 내가 이르되 내가 여기 있나이다 나를 보내소서 하였더니 사 6:8

은혜의 감격 가운데 시작된 멀티미디어 간사로서의 사역을 2개월 만에 마무리짓고, 나는 중등부 담당 전도사로 사역을 시작하였다. 그 후 2006년 초 김용의 선교사님께서 인도하시는 순회선교단의 평신도 복음학교가 본 교회에서 열렸다. 당시 선한목자교회의 모든 목회자들은 복음학교에 필수적으로 참석해야 했다. 나 역시 아내와 함께 월요일부터 토요일까지 오로지 복음 앞에 서는 시간을 가졌다.

복음을 안다고 생각했지만, "정말 십자가의 복음을 통과하였는가?", "예수님이면 다인가?" 결국 '나의 복음'을 통해 십자가 앞에 나의 모든 죄를 고백하고 주님 앞에 서는 시간을 가졌다. 그리고 마지막 날 토요일에 하나님께서 나와 아내를 선교적인 존재로 부르신다는 사실을 깨달았다. 그리고 그 자리에 일어서서 "주님, 우리를 마음껏 사용해주소서" 고백하며 선교적인 삶으로 헌신하였다.

하나님께서 나를 어디로 보내실까?

'하나님께서 나를 어디로 보내시려는 것일까?' 때마침 인도네시아 선교를 준비하시는 김승회 목사님을 뵈었다. 그리고 금요 성령집회 때 인도네시아를 위해 함께 기도하는 시간이 있었는데, 하나님께서 나를 그곳으로 부르시는 것이 아닌가 하는 마음이 들었다. 어느 날 차를 타고 여의도 근처를 지나가는데, 자세히 보니 인도네시아 대사관이 보였다. 여러 사인들이 한 곳을 향하고 있었는데, 바로 인도네시아였다. 그러나 아직 명확히 성경 말씀으로 확증을 얻지는 못하였다.

그렇게 시간이 흘러 어느덧 가을이 되었다. 막연하게나마 선교사로 나가야겠다는 결단을 하고, 선교사 훈련받기 위해 먼저 유기성 담임 목사님을 찾아뵈었다.

"목사님, 선교사로 헌신하고자 합니다. 최근에 인도네시아에 대한 마음을 주시는데, 아직 확증은 받지 못했지만 몇가지 사인들이 있습니다."

"전도사님, 조금 더 기도해보세요. 저는 전도사님이 미국으로 유학을 가면 좋겠습니다. 그래서 미국과 한국의 다리 역할을 해 주면 좋겠습니다."

"네? 제가요? 저는 유학에 대해 전혀 마음이 없습니다. 그리고 영어 준비도 되지 않았고요. 하지만 일단 기도해보겠습니다."

짧은 면담이었다. 인도네시아 선교사로 가고자 찾아뵈었는데, 미국 유학이라니 전혀 생각지 못한 말씀을 듣게 된 것이다. 그 해는 명확한 인도함을 받지 못했다. 결국 2007년부터 수련목회자로서 사역을 시작하게 되었다. 2007년에는 중등부와 고등부가 합쳐져 청소년국이 되어 'TouchHeaven'이라고 이름을 짓고 '하나님의 마음을 감동시키는 자'라는 표어로 다음 세대의 부흥을 위해 헌신하는 한 해가 되었다.

그러나 2007년 내내 인도네시아 선교에 대한 마음의 부담이 사라지지 않았다. 그러던 중 2008년 10월, 아버지께서 감리교신학대학교 총장으로서 4년의 임기를 마치고 은퇴하시고, 뒤이어 인도네시아 자카르타 웨슬리신학대학의 총장으로 부임하시게 되었다. 사실상 부모님께서 인도네시아 선교사로 가시게 된 것이다.

나는 부모님의 결정에 참으로 감동했지만 사실 걱정도 되었다. 연세가 적지 않으신데 선교사로 가시는 것이 결코 쉬운 일이 아니기 때문이다. 한편으로는 '내가 인도네시아로 부르시는 부름에 응답하지 않아 부모님이 가시는 것일까?' 하는 마음도 들었다. 어찌되었든 인도네시아에 대한 부담은 우연이 아니었고 하나님이 주신 마음이었다. 그리고 부모님께서 순종하심으로 그 땅을 밟게 되신 것이다.

선교 동원가로의 부르심

2009년 12월, 나는 선한목자교회에서의 사역을 마무리하고 2010년 1월부터 한국선교전략연구소 및 하늘꿈학교(사단법인 좋은씨앗)의 기관 사역자로 부임하게 되었다.

바로 그 때 감리교선교훈련원(MMTC)에서 약 5개월간 선교 훈련을 받게 되었다. 미션퍼스펙티브(Mission Perspective)를 통해 선교적 관점들을 배우고 나니, 하나님께서 나를 선교 동원가로 부르셨음을 확신하게 되었다. 그리고 2006년 당시에 유기성 목사님께서 왜 미국 유학을 권하셨는지도 알게 되었다. 가는 선교사, 고어(Goer)가 있다면, 동원하고 보내는 선교사, 센더(Sender)가 있어야 하는데, 하나님께서 나에게 센더의 직책을 맡겨주신 것이다.

나는 그 후로 선교 동원가요, 선교적 존재로서 부름 받은 곳마다 선교 완성을 위해 헌신하기로 주님께 결단하였다. 바로 그 해에 다음 세대(Next)와 이웃(Neighbors), 통일선교(North), 열방

(Nation)의 선교 완성을 위한 4N 선교 비전의 기반을 마련하게 된 것이다.

모두 다 바칠 수 있니?

여호와는 나의 목자시니 내게 부족함이 없으리로다 시 23:1

2008년 9월, 리먼 브라더스(Lehman Brothers, 미국의 대표적인 투자은행)의 파산을 기점으로 미국발 서브프라임 모기지 사태가 전 세계의 경제를 흔들어놓았다. 당시 많은 건축 부채를 안고 있었던 교회로서는 그야말로 가장 어려운 재정 위기를 맞이하게 된 것이었다.

그리고 이듬해인 2009년 2월, 교회로서는 어려운 결정을 내리게 되었다. 주일 저녁에 '교회 사랑 기도회'로 모일 텐데, 이 기도회는 자발적으로 참여를 원하는 분들, 자원하는 마음으로 교회 건축 헌금을 하실 분들만 모이는 기도회를 연다는 것이다. 당시에 몇몇 장로님들은 걱정이 많았다. 전 교우가 한 사람당 일정 부분을 감당해도 모자랄 판에 누가 자발적으로 이 기도회에 오겠으며, 경제적으로 어려운 이 시기에 누가 자원하는 마음으로 헌금을 하겠느냐는 것이었다.

하지만 당시 교회로서는 퇴로를 차단하고 사생결단을 내린 상태였다. 살든지 죽든지 주님만 의지하는 기로에 서 있었던 것이다.

1년 생활비 전부를 드리자

이러한 상황 속에서 나와 아내 역시 교회를 위해 헌금을 해야겠다는 마음의 결정을 내리고 기도회에 참여했다. 찬양을 부르고 기도를 하고 드디어 작정하는 시간이 되었다. 잔잔한 유 목사님의 말씀이 이어질 때 즈음, 문득 내 마음에 이런 음성이 들렸다.

"다위야, 너의 1년 생활비 전부를 드릴 수 있겠니?"

갑자기 1년 생활비 전부라는 말에 나는 깜짝 놀랐다.

'이건 분명히 주님의 음성이 아닐 거야.'

나는 그 음성을 부정했다. 심지어 마귀의 음성이 아닌가 싶은 생각이 들었다. 그리고 스스로 나에게 말했다.

'야, 너 무슨 생각하는 거야? 큰일 날 애네…. 어떻게 생활비 전부를 바쳐? 지금 애가 둘이고, 둘째는 태어난 지 3개월도 안 됐어. 정신 나간 거야?'

나는 그 소리를 애써 못 들은 척 무시하려고 애썼다. 그러나 곧바로 다시 마음속에 들려오는 음성이 있었다.

"다윗아, 네가 100퍼센트 나를 신뢰하지 못하고 순종하지 못한다면 나는 너를 쓸 수가 없단다…."

고요하고 평온하며 마음의 중심으로부터 들려오는 음성, 이것은 익숙한 음성이었다. 이것은 내 생각도 아니고, 마귀의 생각도 아니었다. 너무나 친밀하게, 차분하게, 그러나 분명하게 들려오는 주님의 음성이었다.

나는 그때까지 내 나름대로 주님께 순종한다고 했다. 하지만 온전한 순종이라고 할 수는 없었다. 그저 내가 손해 보지 않을 정도로 적당히 순종했지, 어느 한계 이상을 뛰어넘어본 적이 없었다. 그리고 이 도전은 다름 아닌, "너, 나 하나로 정말 충분하니?"라고 하시는 물음이었다. "내가 정말 주님께 속한 자녀인가? 하나님께서 나의 아버지가 되시니 그분만 의지하며 사는가?" 바로 그 시험이었다.

하나님은 참 이상한 분이시다. 어차피 사람의 중심을 보시는 분인데, 보셨으면 됐지, 왜 꼭 물어보시는가? 아브라함이 이삭을 바칠 마음이 있음을 보셨으면 됐지, 꼭 바치라고 하시는가? 정말 하나님의 마음은 다 알 수가 없다. 그러나 하나님께서 물으실 때는 책임지시겠다는 것 아니겠는가? 다 바치라고 하실 때는 바친 것 이상으로 하나님께서 책임져주시겠다는 뜻 아니겠는가?

기도를 하다가 묵상이 여기까지 이르자 드디어 믿어지기 시작했다. "하나님은 선하신 분, 나를 가장 좋은 곳으로 인도하시는 분."

결국 헌금 약정서에 1년 치 생활비를 적었다. 그리고 나는 자모실에서 예배를 드리던 아내를 찾아갔다. 아내는 태어난 지 얼마 안 된 아들을 안고 있었다. 내가 자모실의 미닫이문을 열 때 아내와 나는 서로 눈이 마주쳤다. 내 얼굴의 진지함을 보고 알아차렸을까. 내가 아내에게 다가갔을 때 아직 어떤 말도 하지 않았는데 아내의 눈에 눈물이 흐르고 있었다.

그러나 아내는 믿음의 여인이었다. 아무 말 없이, 참 감사하게도 "전부를 드리자"는 그 마음에 동의해주었다. 나는 약정서를 헌금함에 넣고 본당 좌측 자리에 앉았다. 그때 내 마음은 전혀 두렵지 않았다. 놀랍게도 내 마음은 그 어느 때보다 평안했고 기쁨으로 충만했다. 이것이 바로 온전히 순종한 자만이 경험할 수 있는 마음임을 깨달았다. 하나님께 전부를 내어드리고, 순종했다는 그 마음에, 그리고 주님도 그 마음을 받으셨다는 확신에서 나오는 기쁨이었다.

주님만이 나의 참된 공급자

그 날 이후 매일 가정예배가 시작되었다. 하나님께 가까이, 하나님과 매일 함께 동행하지 않고는 살 수 없었기 때문이다. 매일 가정예배를 드릴 때 늘 드리던 고백이 있었다.

"주님, 오늘 하루를 지켜주심에 감사드립니다. 오늘도 주님이 주시는 꼴로 먹여주시니 감사드립니다. 내일도 주님께서 돌보아 주실 것을 믿고 감사드립니다."

당시 우리 가족은 교회 사택인 샬롬 하우스 202호에 살고 있었는데, 어느 날부터 밖에 나가보면 쌀 한 포대가 놓여 있었다. 그리고 그 쌀은 정기적으로 배송이 되었다. 누가 주시는 것인지 알 수 없었다. 어느 날은 과일 한 봉지가 걸려 있었고, 어느 날은 반찬이 걸려 있었다. 그때 알았다. 주님의 까마귀는 엘리야 때만 존재하는 것이 아니라 21세기 한국, 성남에도 존재한다는 사실을.

그 후로 벌써 15년이 지났다. 돌아보면 하나님은 우리가 드린 것과 비교할 수 없는 풍성함으로 넉넉히 채워주셨다. 그러나 무엇보다 감사한 열매는 "여호와는 나의 목자시니 내게 부족함이 없으리로다" 이 말씀이 실제가 되었다는 점이다. 그 전에는 그저 입술의 고백이었을 뿐이었다. 하지만 이제 온전한 나의 고백이 되었다.

"다윗아, 어디에서 먹을 것을 구하겠느냐? 너의 도움이 어디에서 오느냐?"

"주님, 주님께서 공급하십니다. 주님께서 채워주십니다. 주님께서 나의 참된 공급자(provider)가 되십니다. 주님이면 충분합니다."

주님은 그 해 1년 동안 참된 공급자가 되시며 목자가 되시는 주님만 의지하는 법을 배우게 하셨다. 사람과 환경을 모두 섭리하셔서 나와 아내의 믿음을 빚으시고 연단하셨다. 순종하는 삶이 복된 삶임을 깨닫게 하셨다. 주님은 순종하는 자를 책임져주신다.

주님을 맨 나중에 찾는 사람들

A. W 토저 목사님의 《하나님의 선지자가 되라》(규장)에 보면 이런 내용이 나온다.

우리는 간사한 사람들이기 때문에 인간적으로 의지할 것이 있으면 그것을 의지합니다. 하나님 말고 다른 사람에게 도움을 받을 수 있을 것 같으면 그 사람을 찾으러 온갖 곳을 돌아다니다가 마지막으로 하나님께 갑니다. … 때때로 사람들은 "나는 모든 방법을 다 써보았습니다. 그러나 이제는 하나님만을 의지합니다"라고 간증합니다. 이렇게 우리는 제일 먼저 찾아가야 할 분에게 가장 마지막에 찾아갑니다. 우리가 이렇게 간사하기 때문에 그분은 때때로 우리의 모든 것을 가져가버리십니다. 물론 그분을 제일 먼저 찾아야 한다는 것을 우리에게 깨우쳐주시기 위함입니다.

하나님의 선지자로, 그분의 신실한 종이 되게 하기 위해서, 하나님은 당신의 종들에게서 모든 것을 가져가실 때가 있다. 그를 미워해서가 아니라 사랑해서이고, 그들이 주님을 맨 나중에 찾지 않고 가장 먼저 찾아오도록 하기 위함이다. 그러므로 그런 시험을 만날 때마다 감사해야 한다. 그 믿음의 시련이 우리에게 인내를 만들어주고, 그 인내는 우리로 하여금 오직 주님으로 인해 조금도 부족함이 없게 하기 때문이다(약 1:2-4).

여호와 이레, 미국으로 떠나다.

아브라함이 그 땅 이름을 여호와 이레라 하였으므로 오늘날까지 사람들
이 이르기를 여호와의 산에서 준비되리라 하더라 창 22:14

2006년과 2009년 두 번에 걸쳐서 유기성 목사님께서는 내게
미국 유학을 권면하셨다. 2009년은 교회에 처음으로 비서실을
섬기는 목회자 보직이 생긴 해였는데, 그 첫 담당자로 내가 섬기
게 되었다. 비서실에는 그동안 여자 권사님께서 줄곧 계셨고 목
회자는 없었기 때문에 무엇을 어떻게 해야 할지 알 수 없었다. 그
저 목사님 곁에서 목사님 하시는 것들을 보고 배우며, 또한 목사
님께서 말씀 사역과 목회를 잘 하실 수 있도록 최대한 도울 뿐이
었다. 운전을 하며 목사님과 함께 다니는 일이 많다보니 목사님
께서 목회에 대한 이런 저런 조언을 많이 해주셨다. 나 역시 궁금
한 부분들을 직접 여쭈어보기도 하면서 의문점들을 풀어나가기
시작했다.

그러던 중 유 목사님께서 다시 한번 미국 유학을 권면해주셨고, 이번에는 순종하기로 했다. 그리고 1년간의 준비를 마친 후, 2010년 7월에 미국 캔자스시티로 가게 되었다.

세인트폴신학교가 있는 캔자스시티로

문제는 학비와 생활비였다. 무슨 수로 이 모든 경비를 준비할 수 있을까. 아내와 함께 이 문제를 놓고 함께 기도하기 시작했다. 그런데 어느 날 문득 아내가 나에게 믿음의 선포를 했다.

"여보, 하나님께서 모든 학비와 생활비를 책임져주신대요."

"정말? 하나님께서?"

나는 아내의 말이 잘 믿기지 않았다. 아직 영어도 제대로 준비하지 않았고, 모아놓은 돈도 없었다. 그러나 아내의 믿음의 선포대로 하나님께서 모두 책임져주실 것을 믿고 기도하며 차근차근 영어 준비를 해나갔다.

"주님, 정말 미국에 가는 것이 하나님의 뜻이라면, 필요한 재정도 책임져주시고, 만나야 할 사람도 만나게 해주세요."

유학 준비를 하면서 미국에 가기까지 돕는 손길들이 많았다. 그중에 결코 잊을 수 없는 분이 계신데, 바로 나의 은사이신 세인트폴신학교의 전영호 박사님이시다. 이분은 세계적인 조직신학자인 독일의 판넨베르크(Wolfhart Pannenberg)로부터 사사를 받으시고 영어와 독일어가 능통한 분이시다. 한국에서 박사님을 뵙고 세인트폴신학교에 대해 더 자세히 알게 되었다. 세인트폴신학교는 내가 신학석사 논문으로 연구하였던 유진 로우리(Eugene L. Lowry) 박사가 설교학 교수로 있던 그 신학교였다.

전 박사님은 팀티칭을 통해 학생들을 가르치셨고, 지금은 은퇴하시고 명예교수(Emeritus)로 계신다는 소식을 들었다. 게다가 세인트폴신학교에서 약 30분 거리에 연합감리교회에서 가장 주목받고 성장하는 교회인 부활의교회(the United Methodist Church of the Resurrection)가 있었다. 당시 이 교회가 연합감리교회에서 가장 큰 교회였다. 캔자스시티의 소외되고 어려운 이웃들을 탁월하게 섬기며 커피 머그컵 전도로 유명한 교회다.

박사님께서는 신학교에서 공부하면서 이곳에서 목회도 배울수 있을 것이라고 하셨다. 사실 비슷한 시기에 워싱턴 DC에 있는 웨슬리신학대학원으로 갈 수도 있는 길이 열리기도 했다. 그러나 결정적으로 세인트폴신학교로 유학을 결정한 이유는 유진 로우리 교수님과 전영호 교수님이 계시던 학교였고, 부활의교회에서 사역할 기회가 있을 것으로 기대했기 때문이기도 하다. 결국 기도하는 가운데 하나님께서 세인트폴신학교가 있는 캔자스시티로 가라는 마음을 주셨고, 드디어 그렇게 2010년 7월이 되었다.

문제는 7월이 될 때까지 학비와 생활비 어느 것 하나 결정된 것이 없었다는 것이다. 이제 3주 후면 출국을 해야 하는데 7월 첫 주가 되었는데도 구체적인 재정이 준비되지 않아 마음이 조급해지기 시작했다. 설령 학생 비자를 받는다고 한들, 그곳에서 어떻게 생활할지 대책이 없으면 어린 자녀 둘을 포함하여 네 가족이 어떻게 살아가야 할까? 바로 그 때 하나님께서 2009년 한 해를 어떻게 인도하셨는지 돌아보게 되었다. 1년 생활비를 다 바쳤을 때, 하나님께서 어떻게 먹이고 입히셨는가? 풍족하지는 않아도 굶지 않도록 하나님께서 공급해주시지 않으셨는가? 맞다. 그것이 불과 작년인데 금세 다 잊은 것인가? 1년 전의 삶을 기억하고 돌아보니, 하나님의 놀라운 섭리를 다시 한번 신뢰하게 되었다.

"그래, 하나님께 전적으로 순종한 자를 하나님께서 책임져주실 거야."

지금 돌아보면 다소 무모하고 무책임하게 보이지만, 그때는 그랬다. 그렇게 7월 첫 주를 보내고 둘째 주일이 된 7월 11일, 선한목자교회에서 기획위원회가 열렸다. 나는 이미 2009년 12월에 선한목자교회를 사임하고 당시 송파구에 있던 하늘꿈학교에서 사역을 하고 있었기 때문에 교회에서 어떤 일이 일어나고 있는지 전혀 알지 못했다. 그런데 주일 오후에 어떤 분으로부터 믿기지 않는 소식을 들었다.

"전도사님 가정을 위해, 교회에서 향후 5년간 매달 일정 금액의 재정을 지원하기로 만장일치로 결의했습니다."

나는 그 소식을 듣고도 내가 지금 무슨 이야기를 듣고 있는지 믿기지가 않았다. 나는 이미 교회를 떠난 지 7개월이 지났다. 비록 소속 목사라 할지라도 이제까지 재정 지원에 대한 그 어떠한 언급도 없었으며, 약속도 없었고 기대할 수도 없었다. 재정 부담은 오롯이 내가 스스로 져야 한다고 생각했기 때문이다. 게다가 기획위원회 안건은 만장일치제이므로 한 분의 장로님이라도 반대한다면 부결되는 일이었다. 그런데 30여 명이 넘는 장로님들께서 한뜻으로 마음을 모아주셨다니, 하나 되게 하시는 성령이 아니고서는 불가능한 일이라 여겨졌다.

"오, 주님, 아내에게 하신 말씀이 바로 이것이었군요!"

하나님께, 그리고 교회에 정말 감사할 수밖에 없었다. 동시에 거룩한 부담이 되었다. 성도들이 피땀 흘려 드린 헌금이기 때문이다. 귀한 십일조로, 감사헌금으로, 주정헌금으로 드린 헌금이기에 허투루 써서는 안 되는 돈이었다. 이것을 받아도 되는지 주저하고 있을 때, 주님께서 그런 마음을 주셨다.

"하나님 마음에 합한 종으로 훈련받고 준비되어, 주님 보시기에 부끄럽지 않은 목회자가 되거라. 지극히 작은 자를 귀히 여기고 영혼을 살리는 참 목자가 되거라. 이것이 이 지원에 보답하는 길이다."

"아멘, 주님, 정말 이 헌금에 부끄럽지 않은 목회자가 되겠습니다. 감사합니다 주님!"

그렇게 어느 정도의 생활비가 마련이 되었다. 그러나 한 가지가 더 남았다. 유학비였다. 그러나 이 부분도 미국에 도착한 후 한 달 만에 놀랍게 응답되었다. 세인트폴신학교에는 한국인들을 위한 장학금 펀드가 있었는데, 그 펀드에서 장학금을 지원하기로 한 것이다. 하나님의 전적인 은혜요 섭리가 아닐 수 없었다. 나 자신으로서는 자랑할 것이 하나도 없는데 전영호 박사님을 통하여 은혜의 수혜자가 된 것이다.

되돌아보니 약 1년 전에 아내가 말한 대로, 생활비와 장학금이 모두 준비되었다. 여호와 이레! 하나님은 모든 것을 예비하고 계셨고 그분의 섭리적인 손길 가운데 모든 만남과 재정과 일정이 톱니바퀴 물리듯 맞춰진 것이었다. 우리는 한 치 앞도 알 수 없지만 하나님께서는 모르시는 것이 없다. 모든 것을 앞서 보시고 미리 계획하셔서 오늘을 살게 하시는 분이다.

근심을 주께 맡기라.

너희 염려를 다 주께 맡기라 이는 그가 너희를 돌보심이라 **벧전 5:7**

여호와 이레, 모든 것을 준비하신 주님을 따라 2010년 7월 29일, 미국 중부 도시인 캔자스스시티(Kansas City)에 도착했다. 캔자스스시티는 LA나 시카고, 애틀랜타와 같은 대도시가 아니라 중소도시다. 한인들은 약 4,5천여 명이 사는 것으로 추정되었고 한인교회는 당시 약 25개 정도가 있었다. 세인트폴신학교 학생회에서 우리 가정의 정착을 위해 많은 도움을 주셨다. 그분들의 도움의 손길로 인해 수월하게 미국생활에 적응해갈 수 있었다.

그러나 미국에서 살다보니 십일조와 감사헌금 그리고 기숙사비를 비롯한 기초생활비를 지출하고 나면 가족이 쓸 수 있는 한 달 예산이 얼마 남지 않았다. 예상했던 것보다 지출이 많이 나간다는 사실을 깨닫자 어디선가 일하지 않으면 안 되는 상황이 되었다. 그러나 학생 신분으로는 학교가 아니면 합법적으로 일할 수가 없었다. 그럼에도 불구하고 몇몇 학생들은 학교 밖에서 일을 하곤 했다. 그렇게 하지 않으면 생활비와 학비를 충당할 수 없었기 때문이다. 나도 그렇게 해야 할지 잠시 고민을 하였으나 다시 한번 하나님의 인도하심을 받고 싶었다.

모든 재정을 채우시는 섭리자

"주님, 만일 제가 일하는 것이 맞다면 학교에서 합법적으로 일할 수 있는 길을 열어주십시오."

하나님이 참된 공급자요, 모든 재정을 채우시는 섭리자이심을 다시 한번 경험해보고 싶었다. 그렇게 기도한 지 3개월 지나도 응답이 없었다. 그렇게 기도한 지 6개월 정도가 지났을 때, 드디어 학교 식당에서 일할 수 있는 자리가 났다. 그것은 접시를 닦고 부엌을 청소하는 일이었다. 학교 식당의 부엌은 상당히 컸는데, 많은 분량의 접시를 닦고 청소하는 일이 생각보다 쉽지 않았다.

어느 날 무릎을 꿇고 부엌 하수구관을 닦고 있었다. '그래도 내가 안수받은 목사인데 꼭 이렇게까지 일해야 하나?' 문득 그런 생각이 들었다. 그런데 돌이켜보니 '예수님도 목수로서 일하지 않으셨는가? 예수님도 얼마나 땀을 흘리셨을까?' 그런 묵상이 되니 노동의 신성함과 그 가치가 몸소 깨달아졌다. 그러면서 육체노동을 하며 일하시는 성도들의 마음도 배우게 되었다. '아, 성도님들이 이렇게 힘들게 일하시며 헌금하시겠구나…' 다시금 한국에서 오는 지원금의 소중함을 깊이 느끼게 되었다.

"단 하루도, 단 한 시간도 허투루 보내지 말자. 세월을 아끼자."

그렇게 학교 식당 부엌에서 1년 반을 일하면서 시간당 약 7.5달러 정도의 급여를 받았다. 당시로서는 한국보다 시간당 급여가 높았지만, 학생 신분으로는 주당 20시간이라는 노동 제한시간이 있었다. 하루 벌어 하루 먹고 살아야 하는 노동자들의 고뇌를 천분의 일이나마 느낄 수 있었던 시간이었다. 그 후 식당 매니저는 나를 교내 카페테리아인 'Holy Ground'(거룩한 땅)의 바리스타로 채용했다. 미국에 오기 전에 바리스타에 관심이 있어서 원두 추출과 라떼 만드는 일을 취미로 하기도 했던 터라 카페테리아에서의 일이 훨씬 더 수월했다. 바로 이때를 위함이 아닌가! 역시 무엇이든 배우면 쓸모가 있구나 싶어 감사가 되었다.

하지만 즐겁게 일하던 카페에서의 아르바이트는 그리 오래가지 못했다. 미국 전반적으로 신학생 지원 숫자가 줄어들었는데 세인트폴신학교도 예외가 아니었다. 결국 학교 재정이 점차 어려워지면서 학교 이사회는 중대한 결정을 내렸다. 현재 캔자스시티에 있는 캠퍼스를 팔고 남쪽 리우드(Leawood)에 있는 부활의교회 캠퍼스 안으로 학교를 이전하게 된 것이다.

아직 끝나지 않은 재정 훈련

당시 학교 이사장이었던 부활의교회 아담 해밀턴의 제안이었던 것 같다. 이에 따라 학교 직원들이 하나둘씩 해고되기 시작했다. 결국 학교 식당의 모든 직원들이 한순간에 직장을 잃게 된 것이다. 나 역시 카페테리아에서 일한 지 6개월 만에 더 이상 일할 수 없게 되었다. 한순간에 벌어진 일 앞에서 나는 마치 빌립처럼 앞으로 어떻게 살아야 할지 자연스레 궁리하게 되었다.

"아, 이 상태로 가면 재정이 부족하겠구나. 충분하지 못하겠구나."

또다시 재정의 문제로 고민할 때 주님이 다시 이렇게 물으시는 것 같았다.

"다위야, 먹고 사는 것이 어디에서 오느냐?"

재정 훈련을 다 받은 줄 알았는데 아니었다. 1차 훈련, 2차 훈련, 3차 훈련, 훈련은 계속되고 있었다. 이쯤 되자 나도 지난 몇 년간 하나님께서 베풀어주신 은혜와 놀라운 섭리를 신뢰하게 되었다. 갑작스럽게 실직하게 되었지만, 이것 역시 하나님의 섭리를 경험케 하시려는 주님의 뜻인 줄 믿고 아내와 함께 기도를 시작했다.

그렇게 한 달쯤 지났을 때, 마침 학교에 광고가 붙었다. 세인트폴신학교와 부활의교회에서 인턴십 장학생을 5명 모집한다는 광고였다. 이미 작년에 1기를 선발하여 3명이 장학생이 되었는데, 올해는 2명이 늘어서 총 5명을 뽑는다는 것이었다. 혜택은 1년간 부활의교회에서 파트타임 사역자가 되어 목회 전반에 걸친 실습과 더불어 한 학기당 3천 불의 장학금을 지급한다는 내용이었다. 이 광고를 보는 순간 나는 직감했다.

"두 명 늘어난 자리가 하나님이 예비하신 나의 자리구나."

그때부터 나는 하나님의 예비하심을 믿으며 기도했다. 그런데 문득 "너 대신 다른 이들이 들어가도 좋으냐?"라고 하시는 주님의 마음이 느껴졌다. 선뜻 대답할 수 없었다. 나 역시 너무나 절박했기 때문이다. 그러나 하나님의 시험이라 여겨졌다.

"만일 주님의 뜻이 아니라면 다른 이에게 양보하겠습니다."

과연 예상대로 지원자들이 꽤 많이 몰렸다. 많은 원어민들을 제치고 과연 내가 될 수 있을지 염려가 밀려왔지만 더 이상 염려하지 말고, 주의 섭리하심을 믿고, 결과를 떠나 담대히 인터뷰에 임하기로 하였다. 조금은 서투르고 완벽하지 않은 영어였지만, 내가 전달해야 할 의사는 모두 전달했다. 결과는 합격이었다. 합격하지 못한 학생들에게는 미안했지만, 하나님께서 새로운 길을 열어주신 것이라 믿었다. 비록 여름 3개월 간은 일할 수 없었기에 새정이 부족했지만, 그 이후 가을부터는 내가 지금까지 학교에서 벌었던 것만큼 하나님께서 그대로 장학금으로 채워주셨다. 그렇게 부활의교회에서의 파트타임 사역이 시작되었다.

소수의 헌신된 제자를 통한 새로운 부흥

사실 나는 2011년부터 부활의교회에서 한인 소그룹 성경공부를 시작하고 있었다. 2011년 여름, 교회 로비에서 우연히 만난 한인 가정과 함께 성경공부를 시작했다. 그 가정의 남편은 평생 불교 신자였는데, 직장 상사요 장로였던 분의 전도를 받고 갓 세례를 받은 이후 미국에 오신 분이었다.

그런데 놀랍게도 그 분이 교회에서 훈련받을 때 추천받은 책이 유기성 목사님의《나는 죽고 예수로 사는 사람》(규장)이었다. 그래서 내가 선한목자교회 출신이라고 하자 곧 나를 신뢰하였고, 그 가정과 함께 성경공부를 시작하게 된 것이다. 이것도 참으로 놀라운 일이었다.

시간이 지나면서 한 가정, 한 가정씩 늘어나더니 아이들까지 합하여 그 수가 거의 20여 명에 이르게 되었다. 또한 2012년 12월 31일, 눈이 많이 오던 그 해 마지막 날, 한인 가족들 15명 정도가 함께 모여 송구영신예배를 따로 드리기도 했다. 그렇게 부활의교회에서 한인 성경공부를 진행하고 있었기 때문에 부활의교회는 내게 이미 익숙한 사역지였다.

하지만 정식으로 학교를 통해 사역을 하게 된 것은 이 때가 처음이었다. 나는 부활의교회 교구 사역에 합류하여 병원과 가정을 한 주에 두 번씩 심방하며 1년 동안 사역하게 되었다. 또한 자신이 관심 있는 분야 총 다섯 군데를 정하여 매주 그곳에 참여하여 배울 수 있는 시간이 있었다.

더욱이 담임목사이신 아담 해밀턴(Adam Hamilton) 목사님은 선발된 5명을 위해 직접 영적 리더십과 설교학에 대한 주제로 강의해주셨다. 개척 당시 4명으로 시작하여 당시 크리스마스와 같은 절기 예배 때 출석이 2만 명이 넘는 대형교회 목사님이 신학대학원 학생을 위해 직접 강의를 하고 멘토링을 하시는 일은 이례적인 일이다.

그러나 예수님도 3년간 12명의 제자를 양육하지 않으셨는가? 아담 해밀턴 목사님은 바로 그 방식을 택한 것이었다. 많은 군중이 아니라 소수의 헌신된 자들을 기르고자 하셨다. 나는 그의 제자 삼고자 하는 열정에 큰 도전을 받았다. 언젠가 나에게도 기회가 주어진다면, 신학생들을 직접 가르치고 멘토링하며 주님이 내게 주신 은혜들을 나누리라고 다짐했다.

한 학기를 마칠 때쯤 그 해 12월 크리스마스 시즌에는 담임목사님의 사택에 초청을 받았다. 라본(LaVon) 사모님께서 정성스럽게 준비해주신 음식을 먹으며 두 분의 관심과 사랑에 감사했다. 대화는 주로 감리교회의 미래와 부흥에 대한 주제였다. 아담 목사님은 존 웨슬리의 말을 인용했다.

"죄 외에는 아무것도 두려워 하지 않고, 하나님 외에는 아무것도 원하지 않는 100명의 복음 전도자를 나에게 달라…. 그들은 지옥의 문을 흔들 것이며 이 땅에 하나님나라를 세울 것이다!"

아담 목사님은 지금도 이렇게 헌신된 자 100명만 있다면 교회가 갱신되고 새로운 부흥이 일어날 것이라고 확신했다. 아담 목사님의 강의는 다시 한번 제자도의 핵심이 무엇인지 보게 하였다. 대중이 아니라 소수의 헌신된 자들을 통해 주님은 지금도 일하신다.

나는 부활의교회 장학생 제도를 통해 하나님의 섭리를 다시금 경험하였다. 나의 먹고 사는 문제의 근원은 어디에서 오는가? 내가 머리로 계산한다고 되는 것이 아니었다. 요한복음 6장에서 주님이 오병이어 표적을 일으키실 때 주님은 빌립에게 물으셨다.

예수께서 눈을 들어 큰 무리가 자기에게로 오는 것을 보시고 빌립에게 이르시되 우리가 어디서 떡을 사서 이 사람들을 먹이겠느냐 하시니 요 6:5

예수님은 빵을 어디서 구할 수 있는지, 빵집이 어디에 있는지를 물으신 것이 아니다. 주님이 빵집이었다. 주님이 공급자셨다. 주님은 빌립에게 가르치신 재정의 비밀을 일련의 과정들을 통해 내게도 가르치셨다. 우리는 재정에 대한, 인생과 미래에 대한 하나님의 섭리를 믿어야 한다. 우리는 자기를 부인하고, 온전히 순종해야 할 부분에 있어서 철저히 순종하고, 나머지는 주님께 맡겨야 한다. 그러면 주님께서 일하신다. 주님께는 우연도 없고, 모르시는 것도 없으며 만물은 그분의 섭리에 따라 움직인다.

p r o v i d e n c e

3부

하나님의
섭리의 손길
발견하기

생명의 탄생과 섭리.

모든 생물의 생명과 모든 사람의 육신의 목숨이 다 그의 손에 있느니라

욥 12:10

하나님의 손에는 우주 만물의 생명과 모든 인류의 숨결이 담겨 있다. 하나님의 섭리는 지구상의 작은 미물이라고 경시하지 않으신다. 하나님은 각종 들짐승들이 골짜기의 샘에서 나오는 물을 마시게 하신다. 공중의 새와 가축을 위한 풀과 사람을 위한 채소를 자라게 하신다(시 104:11-14).

생명은 경이로움 그 자체다. 어찌 그 생명을 귀중히 여기지 않을 수 있으랴? 생명의 주권은 주께 있고 설령 자녀를 갖고 싶다 한들, 우리의 뜻대로 되지 않는다. 탄생과 죽음, 시기와 때는 모두 주님께 있기에 주께서 생명을 주시는 그 때가 가장 완벽한 때이다.

최근 청장년 세대들은 자녀를 갖고 싶어도 갖기를 부담스러워

하는 편이다. 특히 여성들의 경우 경력 단절에 대한 두려움이 있고, 내 집 마련하기에도 너무 바쁜 삶, 재정적인 여유가 없으니 자녀를 낳을 엄두도 내지 못한다. 과거 70-80년대에 있었던 이웃과 가족, 친척들의 공동육아 문화가 지금은 거의 사라졌다. 물론 출산휴가 제도가 많이 개선되어 육아 환경이 나아지고 있지만, 여전히 지금 세대는 소위 아내나 남편이 독박육아를 해야하는 상황이다.

그러다보니 부부는 좀 더 여유가 있을 때를 기다린다. 나중에 좀 더 안정을 찾으면 자녀를 갖자고 한다. 그러다가 시기를 놓치고 막상 준비가 되었다고 생각할 때는 생명이 잉태되지 않는 경우가 많다. 기다림의 시간이 1년이 지나 2년이 되고, 다시 3년이 된다. 5년이 넘어가게 되면 점점 더 조급해진다. 이때쯤 되면 언제든 마음만 먹으면 아이를 가질 수 있다는 생각이 얼마나 어리석은 생각이었는지 뒤늦게 깨닫게 되는 경우들이 있다. 난임(難姙)의 과정은 고통스럽고 힘들지만, 한편으로는 생명에 대한 하나님의 주권과 섭리를 깨닫게 하시는 통로가 되기도 한다.

아들을 낳으리니 그 이름을 예수라 하라

부끄럽지만 나에게도 비슷한 경험이 있다. 미국에서 자녀들을 키우며 생명의 소중함을 더욱 깊이 깨달았다. 아버지가 되어 자

녀들을 보살피고, 그들과 함께 뒹구는 행복은 아버지가 된 사람만이 느낄 수 있는 행복이다. 그러나 주어진 삶의 무게가 버거울 때, 주님을 향한 시선을 놓칠 때, 생명이 얼마나 소중한지도 잊어버리곤 한다.

미국에 가기 전 아내는 셋째를 임신한 지 8주차 즈음에 유산을 했다. 그때 나는 사역이 너무 바빠 아내와 산부인과에도 함께 가주지 못했다. 그때 처음으로 유산한 부부들의 아픔을 경험했다. 그렇게 미국 유학의 길을 떠났다.

미국에 정착한 지 2년이 조금 넘어서 2012년 말 대강절 시즌이 되었다. 아직 유학생 신분이라 재정적으로 넉넉한 형편은 아니었다. 한창 학교 식당 부엌에서 일하고 공부를 하던 때였다. 학생으로서 주어진 과제를 감당하기 위해 영어 원서를 읽고, 페이퍼를 쓰고, 프레젠테이션을 준비하고 발표하는 일이 결코 쉽지 않았다. 학생으로서, 남편으로서, 아버지로서, 교회에서는 목회자로서의 역할을 동시에 감당해야 했기에 주님이 주시는 힘이 아니고서는 정말 어려운 일이었다.

아내와는 셋째 아이를 낳자는 말을 하곤 했지만, 그때는 아니라고 생각했다. 미국에 잘 정착하고 좀 더 여유가 있을 때 셋째를 낳으면 좋겠다고 대화하곤 했다. 그러나 하나님의 때는 우리의 생각과는 달랐다. 주님의 오심을 기다리는 대강절 시즌, 우리가정에 셋째가 찾아왔다. 그것은 하나님이 주신 놀라운 선물이요, 그분이 주신 기업이요, 상급이다. 그러나 그 당시로서는 그렇게 기뻐해주지 못했다. 지금 생각해보면 아내에게, 막내에게 너무 미안하다. 기쁘기도 하지만 부담이 되기도 했다.

2012년 12월 2일 우리는 주일예배를 드렸다. 아담 해밀턴 목사님은 대강절 절기에 맞는 메시지를 전하셨는데, 본문이 누가복음 1장 30-31절이었다.

> 30 천사가 이르되 마리아여 무서워하지 말라(Don't be afraid) 네
> 가 하나님께 은혜를 입었느니라 31 보라 네가 잉태하여 아들을 낳으
> 리니 그 이름을 예수라 하라 눅 1:30-31

주님은 나와 아내를 위해 명확히 말씀하셨다. 아무리 당황스러운 상황 속에 있을지라도 우리는 하나님께 은혜를 입었으며, 무서워하거나 두려워하지 말라는 것이다. 그리고 아들을 낳을 테니 이름을 "예수"라고 지으라고 하셨다. 하지만 아무래도 자녀의 이름을 '예수'라고 할 수는 없어서 예수의 구약 이름인 여호수아, 즉 영어로 'Joshua'(조슈아)라고 했다. 그래서 바로 그 날 셋째 이름이 "Joshua Kim"으로 지어졌다. 주님이 우리 안에 오심을 기억하고 다시 오실 주님을 기다리는 대강절 시즌에 주님은 두려워하지 말라고 위로해주셨다. 나의 믿음 없음 때문에 아내에게 제대로 축하해주지 못한 것이 부끄러웠다. 그날 예배를 드

리며 주 앞에 눈물로 회개하고, 아내에게 용서를 구했다.

"여보, 마음껏 축하해주지 못해서 미안해."

지금 돌아보면 지난 12년간 우리 가정이 한 일 중에 가장 잘한 일이 셋째를 낳은 일이다. 대한민국이 점점 자녀를 낳지 않아 축소사회로 가는 지금, 주님의 상급인 자녀를 셋이나 주신 것은 정말 하나님의 은혜요 선물이다. 자녀를 키우면서 이런 귀한 자녀들을 선물로 주신 하나님께 감사하지 않을 수 없다. 자녀를 향한 부모의 은혜가 있지만, 자녀가 부모에게 주는 은혜가 있음을 깨닫는다.

하나님이 주인 되시는 자녀 계획

물론 하나님은 우리가 알 수 없는 그분의 섭리 가운데 모든 가정에 다 자녀를 주시는 것 같지는 않다. 우리가 그 이유를 다 알 수는 없다. 대신 브리스길라와 아굴라와 같이 하나님나라를 위한 영적 자녀들을 많이 키우게 하시는 가정도 있는 것 같다.

최근에 들은 유아세례 간증의 내용이다. 그 분은 난소의 문제로 자연적인 임신이 어려워 인공수정을 시도하였는데, 인공수정이 성공하는 경우가 많지 않아 주위에 중보기도 요청을 많이 하셨다고 한다. 놀랍게도 하나님께서 그 가정에 생명을 주셨다. 첫째가 건강히 자라났고 아이가 다섯 살이 되던 해, 어린이집에 다니다보니 동생이 있는 친구들이 부러웠는지 "엄마, 나도 동생이 있으면 좋겠어요"라고 하더란다.

사정상 둘째 생각이 전혀 없던 엄마는 "엄마는 너 하나로 충분하단다. 필요하면 네가 하나님께 기도해보렴" 아이에게 그렇게 말했다는 것이다. 그런데 그 날 이후 아이가 식사기도만 하면 무릎을 꿇더니 "하나님, 동생을 주세요"라고 간절히 기도했다. 그것이 끝이 아니다. 잠자리에 들기 전에도 "하나님, 동생을 주세요"라고 계속 기도했다.

그렇게 기도한 지 한 달 뒤 그 가정에 둘째가 찾아왔다. 난소의 문제로 자연적인 임신이 어렵다고 했지만, 이번에는 자연임신이 된 것이다. 그 부부는 둘째가 임신된 것을 보고 기쁘기도 했지만, 동시에 하나님께 깊이 회개하게 되었다고 한다. 왜일까? 주님이 주인 되시는 가정의 자녀 계획을 그분께 맡겨드려야 하는데 그러지 못했기 때문이다. "난소에 문제가 있으니까 어차피 안돼." 그들은 생명을 주관하시는 하나님의 주권과 섭리를 사실상 깊이 인정하지 못했던 것이다. 하나님은 놀랍게도 그 가정에 셋째까지 주셨다고 한다. 그 부부는 하나님의 일하심과 축복하심을 기억하고 감사하며 살고 있다. 하나님의 손에 모든 생명체의 생명과 인류의 숨결이 담겨 있다. 그것이 생명에 담긴 하나님의 섭리다.

꿈에 나타난 세 아기.

기브온에서 밤에 여호와께서 솔로몬의 꿈에 나타나시니라 하나님이 이르
시되 내가 네게 무엇을 줄꼬 너는 구하라 왕상 3:5

셋째 이름을 조슈아(Joshua, 여호수아)로 짓고 약 한 달이 지난
2013년 1월 12일 토요일 새벽이었다. 나는 꿈을 자주 꾸는 편이
아닌데, 그 날은 너무 생생한 꿈을 꾸었다. 그 꿈에서 하나님은
내게 세 명의 아기를 보여주셨다. 첫 번째 아기는 다운증후군을
겪고 있는 아기였고, 두 번째 아기도 비슷하게 어떤 병을 앓는 아
픈 아기였다. 세 번째 아기는 매우 건강한 아기였다. 그런데 하
나님은 갑자기 첫 번째 아기를 내 앞에 내미시며 "다위야, 이 아
기를 키울 수 있겠니?" 하고물으셨다.

나는 너무 깜짝 놀라 순간 잠에서 깨어났다. 일어나보니 아직
새벽이었다. 그냥 꿈이라고 하기에는 너무나 선명했고 마치 방
금 육성을 들은 것처럼 꿈인지 생시인지 분간이 안 갈 정도였다.

나는 그 꿈을 꾼 날짜와 내용을 노트에 적어두었다. 훗날 이것이 어떤 의미인지 기억하고 해석하기 위함이었다.

이 아이를 키울 수 있겠니?

마침 그다음 주 수요일은 캔자스시티 다운타운에 있는 KU병원에서 태아 검진을 받는 날이었다. 담당 의사는 먼저 초음파로 태아를 보여주었는데, 태아는 뱃속에서 아주 신나게 뛰놀고 있었다. 마치 엄마 뱃속이 놀이터인 것처럼 매우 활동적인 태아였다. 그래서 우리는 아기가 참 건강하다고 여기고 안심하고 있었다. 그런데 의사 선생님께서 태아의 머리와 목 투명대 등 여러 검사를 하더니 진지한 표정으로 말했다. 나로서는 잊을 수 없는 말들이었다.

"지금 몇 가지 검사를 해보니, 뱃속의 아기는 정상적인 아기보다 다운증후군을 가지고 태어날 확률이 약 30배 이상 매우 높습니다. 그러니 DNA 검사를 비롯한 추가 검사를 해야만 합니다. 그렇지 않다면 아직 초기이므로 원하시면 낙태도 가능합니다. 어떻게 하시겠습니까?"

나는 내 귀를 의심하지 않을 수 없었다. 그래서 나는 다시 말씀해달라고 요청했고, 다시 똑같은 내용을 들었다. 아내에게 통역을 해주었고, 나와 아내 사이에 한동안 침묵이 흘렀다. 그리고 아내의 눈에 눈물이 주르륵 흘러내리기 시작했다. 나는 침묵을 깨고 의사 선생님께 말씀드렸다.

"우리는 어떠한 아이가 태어나도 낳을 것입니다. 그러므로 어떠한 테스트도 받지 않겠습니다."

의사 선생님은 우리 부부를 매우 낯선 사람을 바라보는 듯했다. 보통은 추가 검사를 진행할 텐데, 더 이상 검사를 하지 않겠다니 마치 '이 사람들이 왜 이러지?'라는 표정처럼 보였다. 나는 아내의 손을 잡고 병실을 빠져나왔다. 차를 타고 집으로 돌아오는 동안 우리 부부는 아무 말도 할 수 없었다.

운전을 하는 내내 나는 속으로 주님께 물었다. '주님, 도대체 이게 무슨 일인가요? 주님, 우리가 무엇을 어떻게 하기를 원하시나요?' 병원에서 당당히 낙태도, 어떤 추가적인 검사도 거절하고 나왔지만, 사실상 그 후 나와 아내는 뱃속의 태아가 걱정되기 시작했다.

실패에도 섭리가 있다.

주께서 돌이켜 베드로를 보시니 베드로가 주의 말씀 곧 오늘 닭 울기 전
에 네가 세 번 나를 부인하리라 하심이 생각나서 밖에 나가서 심히 통곡
하니라 눅 22:61-62

성경에는 수많은 실패자들이 등장한다. 놀랍게도 그 실패자들
은 모두 우리에게 익숙한 이름들이다.

베드로는 열정적인 예수님의 수제자였지만 예수님을 세 번이
나 부인하였다. 아브라함은 하나님의 약속을 기다리지 못하고
사래의 제안에 따라 하갈과 동침하여 이스마엘을 낳았다. 모세
는 하나님의 백성을 구하겠다는 마음에 충동적으로 애굽인을 살
해하고 도망자가 되었다. 하나님의 마음에 맞는 사람이라고 불
린 다윗은 밧세바와의 간음을 통해 하나님과 배우자, 그리고 충
신 우리아에게 큰 죄를 저질렀다.

실패라는 하나님의 선물

성경은 실패에 대한 사례로 가득 차 있다. 그렇다면 이러한 실패에 담긴 하나님의 뜻은 무엇인가? 하나님께서는 그들이 실패하지 않도록 막으실 수 없었던 것일까? 하나님께서는 그들의 믿음이 무너지지 않도록 하실 수는 없었다는 말인가? 그렇지 않다. 하나님은 우리의 연약함과 실패를 허용하심으로써 그분의 공의로운 뜻을 이루신다. 요셉의 형들은 요셉을 노예로 파는 악한 짓을 저질렀다. 그러나 결국 그들의 행위는 훗날 그들이 하나님 앞에 겸손하게 회개하며 엎드리는 원인으로 작용했다. 그리고 하나님은 형들의 악한 의도와 행위를 통해 요셉의 온 가족과 애굽을 살리도록 이끄셨다(창 45:8).

실패 그 자체는 미화될 수 없고 장려될 수 없지만, 실패의 경험은 우리 안에 내재된 오만과 자만에 대항하는 약이 될 수 있다. 하나님은 우리가 실패하도록 허락하심으로써 실패의 시련을 통해 우리의 자만심과 자기중심성, 자기기만을 치유할 기회를 주신다. 실패는 지독한 자아도취의 취기로부터 인간의 불완전한 실존을 직면케 한다. 실패하지 않았다면 겹겹이 포장된 거짓 자아의 내면의 실체를 보지 못했을 것이다. 그런 점에서 실패는 하나님의 선물이 될 수 있다.

실패보다 더 나쁜 것은 도리어 '실패의 부재'다. 왜냐하면 실패는 나 자신과 현실을 마주하게 하는데, 실패해보지 않는다면 그것은 나의 참된 실재를 직면해보지 않았다는 뜻이기 때문이다. 실패할 바로 그 때 비로소 우리 자신은 하나님 없이 살 수 없으며, 모든 것이 하나님의 은총이요 그분의 섭리로 인해 살아간다는 것을 깨닫게 된다.

베드로의 위대한 실패

성경에 베드로의 실패가 기록된 이유는, 베드로와 같은 사도도 실은 실패자였으며, 그러한 실패자라 할지라도 그리스도 안에서 위대한 사명자로 변화될 수 있음을 보여주기 위함이다. 베드로는 예수님을 세 번이나 부인한 후 닭울음 소리를 들었다. 그때 베드로는 "닭 울기 전에 네가 세 번 나를 부인할 것이다"라고 하신 예수님의 말씀이 생각나서 몹시 울었다.

그러나 과연 누가 진정한 실패자인가? 제자들이 풍랑을 만났을 때, 베드로는 예수님이 바다 위로 걸어오심을 보았고, 주님께로 가기 위해 배에서 내려 물 위를 걷다가 바람을 보고 무서워 물에 빠져 들어가게 되었다. 그는 실패자인가? 오히려 믿음이 연약하여 아예 시도조차 해보지 않고 안전한 배 안에만 앉아 있던 나머지 제자들이 실패자가 아닐까?

주님께서 생명의 문은 좁은 문이라고 하셨다. 그런데 누군가 그 좁은 문으로 들어가다가 문에 끼었다. 그렇다면 그는 실패자인가? 아니면 문이 좁다고 넓은 문으로 가는 사람이 실패자인가? 후자가 아닌가? 전자와 같은 실패는 건강한 실패요, 살리는 실패다. 하나님은 주님 뜻대로 살려다가 넘어진 자들을 실패자라고 여기지 않는다. 그것이 끝이 아니라 아직 과정이기 때문이다.

따라서 실패는 실패가 아니고 성공은 성공이 아니다. 성공이 실패일 수도 있고, 실패가 성공일 수도 있기 때문이다. 진정한 성공과 실패는 끝까지 가봐야 안다. 끝나기 전까지는 끝난 것이 아니다. 무엇이 성공이고 실패인지, 누가 승리자이고 실패자인지는 하나님이 판결하신다.

그런 점에서 베드로의 실패는 위대한 실패였다. 생명의 길을 걷는 실패였기 때문이다. 그가 실패했고 좌절했기 때문에 더 이상 자기자신을 신뢰하지 않게 되었기 때문이다. 실패 때문에 더욱 주님을 의지하게 되었기 때문이다. 실패했기 때문에 오순절 성령이 임하기까지 다락방에서 기도할 수 있었고, 성령을 받을 수 있었다. 그리고 성령이 그를 완전히 바꾸어놓았다. 베드로는 자신을 믿었던 무모한 자에서 진정으로 담대한 자가 되었다.

나는 실패자였다

아내가 셋째를 임신한 후 의사 선생님으로부터 믿을 수 없는 이야기를 듣고 난 뒤, 나는 매일 기도하지 않을 수 없었다. 그러나 솔직한 심정으로 나는 실패자였다. 왜냐하면 나 자신으로는 그 상황을 감당할 믿음이 없었기 때문이다. 태아 검사를 한지 한 달쯤 지난 어느 날, 한국에서 이 소식을 들은 분들이 여러 조언을 해주셨다. 꽤 많은 분들이 하지 말아야 할 말씀도 해주셨다. "어떻게 키우려고 하느냐?", "더 늦게 전에 결정을 해야 한다." 사랑하고 아끼니까 해주시는 말들이었지만 그 말들이 가슴을 찌르는 가시가 되었다. 그럼에도 불구하고 아내와 나는 그 시간들을 이겨내고 있었다.

그러던 어느 날 학교에서 수업을 듣고 있는데 아내로부터 연락이 왔다. 아내가 동네 보건소에 가서 심장 초음파를 했는데 아이의 심장이 뛰지 않는다는 것이다. 너무 놀란 마음에 조퇴를 하고 아내를 데리고 다시 KU병원에 가서 검사를 받았다. 의사 선생님은 "오진입니다. 심장은 아주 잘 뛰고 있습니다"라고 하셨다. 감사한 일이었다. 그런데 나 자신도 믿을 수 없는 마음, 애써 무시하고 가슴 한편에 묻어두었던 내 숨은 마음이 있었다.

'만일 그 아이가 유산되었더라면….'

충격적이게도 그것이 그 당시 내 믿음의 실상이었다. 비록 아픈 아기라도 하나님이 주신 생명이니 믿음과 사랑으로 기를 생각이었다. 그러나 동시에 나의 내면에는, 작지만 생각조차 해서는 안 되는 악한 생각이 자리잡고 있었던 것이다. 그러나 나는 이 생각을 아내에게 말할 수 없었다. 왜냐하면 나 자신이 너무 부끄러웠기 때문이다. 믿음 없는 목사, 믿음도 사랑도 없는 남편으로 볼까봐 아내에게 이 말을 꺼내지 못했다.

나는 나의 믿음을 믿었다

그때 나는 처음으로 왜 베드로가 주님을 부인했는지를 이해할 수 있었다. 그는 두려웠던 것이다. 무서웠던 것이다. 그가 직면해야 할 상황을 헤쳐 나갈 자신도 없고, 그럴 만한 믿음도 없던 것이다. 나는 베드로의 부인을 깊이 묵상했다.

"그 누구도 베드로를 탓할 수 없다. 만일 나도 베드로의 자리에 있었다면 베드로처럼 주를 부인했을지 모른다…."

그런데 사실 나는 두려움보다 내가 나의 믿음을 과신했던 것 같다. 그때 나는 사람이 자기 자신의 믿음을 믿을 수도 있음을 깨달았다. 물론 그것은 거짓 믿음이다. 믿음은 항상 대상을 전제로 한다. 그 '무엇'을 믿는 것이다. 그런데 자기자신을 믿는다? 인간이 얼마나 연약한 존재인지 모른다는 말인가? 그렇다. 나도 몰랐다.

내가 한국에서 나름 사역을 잘하고, 인정도 받고, 미국에 와서 유학하고, 성장하는 미국 교회에서 사역을 하니, 나는 내가 참 괜찮은 믿음의 소유자인 줄 알았다. 아픈 아기라고 해도 당당히 믿음으로 낳아 기르겠다고 모든 검사도 거절했다. 하지만 알고 보니 주님을 믿은 것이 아니라 나 자신과 나의 믿음을 믿은 것이었다. 그런 내 믿음의 실상은 허무했고, 내 믿음은 가짜였고, 나는 믿음에서 파산한 자였다. 엉터리 신자요, 껍데기 목사였다.

당당하게 믿음으로 아이를 낳아 기르겠다고 할 때만 해도, 나는 내가 믿음의 최정점에 있다고 생각했다. 그러나 불과 한 달 만에 믿음의 바닥을 치고 말았다. 그런 나의 믿음이 회복하기 시작한 것은 그로부터 한 달이 지난 3월 첫 주 부활의교회 성찬 주간이었다. 나는 내 믿음의 실상을 보고 극심한 좌절의 상황에서 성찬을 받았다. 그런데 그때 주님이 주신 마음이 있었다.

"다위야, 내가 너를 위하여 너의 믿음이 떨어지지 않기를 기도하였다. 내가 너를 대신해서 맞아야 했고, 묶여야 했고, 못 박혀야만 했단다. 너 스스로는 죄를 이길 힘이 없기 때문이다."

십자가는 죄를 깨닫고 이기게 하는 능력이다. 나 자신의 믿음을 신뢰했던 엉터리 믿음은 산산조각이 났다. 그러나 이렇게 실패한 나를 주님은 버리지 않으셨다. 주님은 베드로에게 하셨던 것처럼 내 믿음이 떨어지지 않도록 중보해주셨다. 그때 나는 내 삶에 주님의 은혜가 없이는 살 수 없음을 깊이 깨닫게 되었다. 그날 성찬을 받고 단상 앞에 무릎을 꿇고 기도하는데 어찌나 눈물이 났는지 모른다. 그 때부터 다시 성령의 충만함을 회복하기 시작했다.

장애인과 교회, 타인과 이웃을 바라보는 관점

내가 섬기고 있던 부활의교회에는 '마태 사역'(Matthew Ministry) 이라는 장애인 사역부가 있었다. 아담 목사님이 교회를 개척하던 초기에 다운증후군 자녀가 있는 한 가정이 교회에 왔다고 한다. 그러나 그 가정은 교회에 정착할 수 없었다. 교회는 이 아이를 돌볼 만한 준비가 되어 있지 않았기 때문이다.

아담 목사님은 그 가정이 교회에 정착하지 못한 이유를 듣고 난 뒤 장애인 사역을 시작하였다. 그 사역의 첫 수혜자가 마태 (Matthew)라는 학생이었다. 마태는 1984년생이었는데, 본래 만삭이 되기 전에 태어나거나 태중에서 죽을 수 있다는 진단을 받았고, 미리 장례식을 준비하라고 했다고 한다. 매튜는 유전적 장애를 안고 태어났지만 죽지 않았다.

부활의교회 장애인 사역을 통해 매튜와 그의 가족은 삶의 기쁨과 생명의 가치를 경험하였다. 장애인도 하나님이 지으신 존귀한 피조물이며 하나님께서 부여하신 독특한 은사와 재능이 있음을 알게 하신 것이다. 매튜는 비록 십대 후반에 일찍 주의 부르심을 받았지만, 지금도 교회가 수많은 장애인들과 그 가정들을 섬기도록 하는 풍성한 유산을 남겼나.

나는 매튜의 일이 남의 일처럼 느껴지지 않았다. 그것이 우리 가정의 일로 여겨졌다. 바로 그때 하나님은 나에게 장애인들과 그 가정들에 대한 특별한 애정을 심어주셨다. 모든 성도들이 한 가족이지만, 특별히 장애인들은 나의 자녀와 같았다. 장애인이 함께할 때 교회는 비로소 온전해진다. 교회는 남녀와 인종과 장애인과 비장애인의 모든 구별을 초월하여 주 예수 그리스도의 한 몸 된 공동체이다. 그러므로 비장애인들로만 구성된 교회는 온전하지 못하다.

하나님께서는 나의 실패를 통해 내 믿음의 실체를 보게 하셨고, 장애인과 교회를 바라보는 관점을 새롭게 교정해주셨다. 모든 것이 실패를 통해 얻은 열매요, 유익이다. 하나님의 섭리 안에서 실패는 나를 더욱 겸손하게 했으며 타인과 이웃을 바라보는 관점을 성숙하게 변화시켰다.

건너와서 우리를 도우라 40일 작정기도。

밤에 환상이 바울에게 보이니 마게도냐 사람 하나가 서서 그에게 청하여
이르되 마게도냐로 건너와서 우리를 도우라 하거늘 행 16:9

2013년 5월 1일, 나와 아내는 가정에서 40일 특별새벽기도회를 시작했다. 당시 부활의교회에서 계속 사역할지, 아니면 사역을 그만두고 학업에만 집중할지, 아니면 새로운 길을 구해야 할지 하나님의 인도하심을 구해야 했기 때문이다. 그때는 부활의교회 장학생 인턴십이 끝나가고 있었다. 그래서 부활의교회에서 계속 사역할 기회를 찾고자 한인 사역의 가능성을 찾고 두드리고 있었다.

그러던 중 놀랍게도 5월 6일, 파슨스(Parsons) 지역을 섬기시던 K 감리사님으로부터 전화가 왔다. 바로 그다음날 나와 아내는 감리사님으로부터 미국 회중이 있는 연합감리교회를 섬기면 어떻겠냐는 제안을 받았다. 그곳은 교회 옆에 사택이 있었고, 목회

자에 대한 대우도 좋았으며, 아직 남은 학업을 하면서 동시에 목회도 할 수 있는 좋은 여건이었다. 그런데 동시에 들린 소식은 부활의교회에서 멀지 않은 곳에 있는 어느 한인감리교회가 분쟁을 겪고 있으며, 현재 갈등을 수습하기 위해 감리사님이 예배를 인도하고 계신다는 것이다.

돌짝밭 사명의 길, 좁은 문으로 들어가라

아무래도 이 결정은 지금 바로 내릴 수 없었다.

"감리사님, 제안은 정말 감사하지만, 저희가 바로 결정할 수 있는 사안이 아닌 것 같습니다. 저희에게 기도할 시간을 더 주시면 좋겠습니다."

아내와 나는 뜻밖의 제안에 더욱 기도에 매진하게 되었다. 주님의 말씀으로 분명한 응답을 받고 싶었기에 주님께서 아내와 내게 동시에 말씀으로 확증해달라고 구하며 40일을 작정하고 기도하였다. 그렇게 기도하던 중 큐티 묵상 순서에 따라 사도행전 16장을 읽는데, 하나님께서 감동을 주신 구절이 있었다.

6 성령이 아시아에서 말씀을 전하지 못하게 하시거늘 그들이 브루기아와 갈라디아 땅으로 다녀가 7 무시아 앞에 이르러 비두니아로 가고자 애쓰되 예수의 영이 허락하지 아니하시는지라 8 무시아를 지

나 드로아로 내려갔는데 9 밤에 환상이 바울에게 보이니 마게도냐 사람 하나가 서서 그에게 청하여 이르되 마게도냐로 건너와서 우리를 도우라 하거늘 _{행 16:6-9}

나는 당시 부활의교회에서 계속 사역을 하고자 여러 방법을 찾고 있었다. 그런데 길이 열릴 듯하면서도 열리지 않던 차였는데 그 이유를 알게 되었다. 사도 바울이 아무리 비두니아로 가고자 애써도 예수의 영이 허락하지 않았던 것처럼, 하나님의 허락하심이 아니었던 것이다.

그리고 얼마 지나지 않아 부활의교회 담임목사는 동성애 이슈에 있어서 점점 친동성애 성향을 보이기 시작했다. 동성애를 죄악시하는 성경의 구절들이 당시의 역사적 문화적 산물이라는 것이다. 그 때가 2013년 5월 말이었다. 때마침 그의 실망스러운 발언과 왜곡된 성경해석이 이어지면서 내가 왜 그 교회를 나와야 하는지 명확해졌다.

하나님께서는 나와 아내에게 분명히 말씀하셨다.

"건너와서 우리를 도우라!"

"여보, 건너와서 우리를 도우라고 하시는데?"

"당신도 그래? 나도 이 말씀을 받았어."

나와 아내 모두 와서 도우라는 말씀을 응답으로 받았다. 그런데 도대체 어디로 건너오라는 것인가? 한국인가? 다른 미국 교회인가? 다른 주로 가라는 것인가? 도우러 가라는 말씀은 알겠는데 어디인지는 분별이 되지 않았다. 그때 한국을 떠나면서 유기성 목사님께서 해주신 말씀이 생각났다.

"목사님, 결정하기 어려운 순간이 오면 어느 곳이 돌짝밭 사명인지를 보시고 결정하세요. 가장 힘들고 어려운 길이 주님이 인도하시는 길입니다."

왜 하필 그때 이 생각이 났을까? 성령께서 생각나게 하신 것이 아니겠는가? 주님께서는 늘 좁은 문으로 들어가기를 힘쓰라고 하셨다.

"그래, 좁은 문으로 들어가자. 남들이 가기 싫어하고 기피하는 곳으로 가자."

이렇게 분별이 되니 여건이 좋은 미국 교회와 분쟁이 있는 한인 이민교회 사이에서 갈 곳이 선명해졌다. 이민교회였다.

주님과의 비범한 여정 : 무덤에서 생명의 부활로

학교 수업을 마치고 K 감리사님께 전화를 드렸다.

"목사님, 김다위 목사입니다. 기도하던 중에 중앙감리교회로 가라는 응답을 받았습니다. 저를 그곳으로 파송해주세요."

"아, 그런데 그곳으로 가는 건 좀 위험해요. 좋은 생각이 아닌 것 같습니다."

"네, 감리사님. 저도 압니다. 제가 한국에서 섬기던 선한목자교회도 분쟁이 났던 교회였습니다. 새로 담임목사님이 오시면서 갈라졌던 교회가 하나가 되고, 공사가 중단되었던 본당도 완공이 되었고, 수차례 부도의 위기를 넘기면서 결국 하나님께서 회복시켜주셨습니다. 하나님께서 괜히 그 경험을 하게 하신 것이 아닌 것 같습니다. 하나님께서 저를 이곳으로 보내시는 것 같으니 허락해주시면 좋겠습니다."

"네, 그래요. 목사님 뜻이 그렇다면 그렇게 합시다. 제가 마이클 감리사님께 직접 전달하겠습니다."

그리고 일주일 후 내가 7월 첫 주에 중앙교회에 부임하는 것으로 파송 승인이 났다. 이 소식을 들은 주위 선배 동료 목사님들이 연락을 주셨다. 그곳에 가지 말라는 것이었다.

"목사님, 그곳에 가면 안 됩니다. 그곳은 목회자들의 무덤이에요."

"목사님, 목사님도 쫓겨날 수 있어요. 앞으로 계속 목회하셔야 하는데 어떻게 하려고 그러세요?"

나는 목회자의 무덤이라는 말을 듣자마자 이런 생각이 들었다. 부활은 죽음 뒤에 오는 것 아닌가? 이 교회가 무덤이요 죽었다면 이제 부활할 일만 남은 것이 아니겠는가? 오히려 주변 분들의 안 된다는 말씀으로 주님의 인도하심을 더욱더 확신할 수 있었다. 인간적으로는 불가능해 보이지만, 오직 주님이 함께하신다면 무덤에서 생명이 다시 살아나지 않겠는가?

캔자스 한인중앙연합감리교회에서의 주님과의 비범한 여정은 그렇게 시작되었다.

개척 장로님과의 만남, 그리고 첫 예배.

… 밤나무와 상수리나무가 베임을 당하여도 그 그루터기는 남아 있는 것 같이 거룩한 씨가 이 땅의 그루터기니라 하시더라 사 6:13

2013년 봄학기를 마치고 가족들과 시카고를 방문하던 중, 모르는 번호로 전화가 왔다.

"여보세요?"

"김다위 목사님이신가요?"

"네. 맞는데요? 누구시죠?"

"저는 캔자스 한인중앙연합감리교회를 섬기는 박창서 장로입니다. 목사님을 만나뵐 수 있을까 해서 전화드렸습니다."

"네, 장로님, 제가 현재 시카고에 있는데 돌아가자마자 바로 뵙도록 하겠습니다."

건너와서 우리를 도우라고 간청한 분

"건너와서 우리를 도우라"는 말씀으로 응답을 받은 뒤, 계획에 전혀 없던 한인이민교회 부임이 결정된 후 박 장로님과의 통화였다. 7월 첫 주 부임하기 한 달 전이었다. 그때 장로님과 중식 레스토랑에서 만난 기억이 아직도 생생하다. 이미 연세가 70세가 넘으신 장로님께서는 지난 몇 달간 교회 걱정에 잠을 제대로 이루지 못하셨다고 한다.

장로님은 작년 말부터 올해 봄까지 교회에 얼마나 어려운 일들이 많았는지 말씀해주셨다. 목회자와 성도들의 갈등, 성도들과 성도들의 갈등으로 교회는 이루 말할 수 없는 상처를 입은 상태였다. 교회의 재적은 아직까지 40여 명 정도 되지만, 사실상 출석은 20명 내외였고, 그마저도 어떻게 될지 알 수 없는 형편이라고 한다.

전임 목사님은 지난 4월 초 마지막 예배를 드리고 나가셨다. 그 목사님은 나와 함께 공부한 분으로 찬양 인도의 기름부음과 말씀의 은사가 있는 분이셨다. 목회를 잘하셨고 그분이 담임하는 동안 교회는 서서히 성장하고 있었다. 그러나 몇 가지 이슈로 교인들과 갈등이 생겼고, 아쉽게도 교회를 떠나게 된 것이다. 그래서 그 후로 한인 감리사님이 담임자의 빈 자리를 대신하여 예배를 인도하고 계셨다.

그런데 이번에 교회를 떠나신 전임 목사님의 그 전임자 역시

2012년 말에 갑자기 교회를 떠나셨다고 한다. 그 분은 그 교회에서 7년이나 사역하신 분으로 곧 은퇴를 앞두고 계셨다고 한다. 그런데 어떤 이유였는지 교회를 사임하게 되었고, 두 번 연속 담임목사가 교회를 사임하게 되면서 교회는 연속적인 내홍(內訌)을 겪으며 주저앉게 된 것이다.

결국 이 교회와 근방에 있던 미주연회 소속 한인감리교회(KMC)와의 합병 이야기가 나돌았다. 인근에 있던 한인감리교회는 90년대 초에 이 교회에서 분립된 교회이므로 다시 합치면 되지 않겠느냐는 것이다. 그런데 얼마 남아 있지 않던 중앙교회 성도들이 이 안에 반대했다. 결국 당시 연합감리교회 캔자스시티의 감리사였던 마이클 채임벌린이 이 교회의 문을 닫기로 결정하고, 이 교회의 평신도 대표인 장로님께 통보하자 장로님께서 감리사님을 붙잡고 간청하셨다는 것이다.

"감리사님, 제발 한 번만 더 기회를 주세요. 이 교회는 절대 닫아서는 안 됩니다."

어르신의 간청에 미국 감리사님도 마음이 흔들렸는지, 결국 한 번 더 기회를 주기로 하고 후임자를 찾아 나서게 된 것이다. 그러다가 파슨스 지역 한인 감리사이셨던 K 감리사님께서 중앙교회 분쟁 해결을 위해 개입하셨다. 두 분의 감리사님이 사람들을 수소문하고 추천을 받은 끝에 당시 미국 교회에서 사역하고 있던 나에게까지 소식이 닿은 것이다.

장로님으로부터 지난 몇 달간의 이야기를 찬찬히 듣다보니, 아내와 함께 40일간 작정기도를 하면서 받은 말씀, "건너와서 우리를 도우라"(행 16:9)는 말씀이 비로소 온전히 해석되었다. 성경에 마게도냐로 건너와서 우리를 도와달라고 간청하신 분이 바로 박 장로님이셨던 것이다. 눈물을 글썽이시던 장로님의 표정을 잊을 수 없다. 나는 장로님의 손을 꼭 붙잡아드렸다.

"장로님, 기도하십시다. 하나님께서 이 교회를 반드시 회복시켜주실 것입니다."

"아멘!"

교회 분쟁 이면에 숨겨진 하나님의 섭리

2013년 7월 7일은 첫 부임예배를 드린 날이다. 그 날 예배에는 총 21명이 참석하였다. 그중에 한 부부는 K 감리사님 내외분이셨다. 그리고 우리 가족이 4명이고, 5명은 내가 섬긴 미국 교회에서 부임예배로 방문하신 것이니, 사실상 중앙교회의 성도는 10여명 정도가 참석한 것이다. 여름이고 휴가 기간임을 감안하더라도 그 수가 너무 적었다. 장로님은 재적이 40여 명, 많게는 50명 정도 된다고 하셨는데 그 말씀을 믿기 어려울 정도였다.

더욱이 그 날 오신 분들 중에 어떤 젊은 성도님은 나를 본체만체하시더니, 그다음 주부터 다른 교회로 옮긴다고 하고 가셨다.

너무 젊은 목사가 부임해서 소망이 없다고 본 것인지 모르겠다. 나는 개인적으로 죄송하기도 했고 내가 그 분이라도 그런 결정을 내렸을지 모르겠다는 생각을 했다. 만 33세에 담임이라니 너무 어리지 않은가? 왜 하나님은 이곳에 더 연륜 있고 경험 있는 분을 보내지 않으셨을까? 그것은 알 수 없다. 하지만 이 교회에는 그루터기와 같은 분들이 남아 계셨다. 나는 이사야서 6장 말씀이 생각났다.

> … 밤나무와 상수리나무가 베임을 당하여도 그 그루터기는 남아 있는 것 같이 거룩한 씨가 이 땅의 그루터기니라 하시더라 사 6:13

하나님은 남겨진 그루터기와 같은 자들을 통해 새로운 일을 행하신다. 남겨진 분들 중 일부는 비록 서로 약간의 오해와 서운함들을 가지고 있었지만, 교회를 사랑하시는 신실한 분들이었다. 치유와 용서, 회복이라는 과제가 남아 있기는 해도 나는 남겨진 자들을 통해 하나님께서 어떤 일을 행하실지 기대가 되었다. 그렇게 해서 나의 첫 사역이 시작되었다.

나의 전임 목사님은 새로운 사역지에 가서서 신실하게 목회를 잘 감당하셨다. 그 후 또 다른 교회에서도 하나님의 은혜로 부흥과 성장을 일궈내셨고, 지금도 목회를 잘 감당하고 계신다. 그러니 교회의 분쟁으로 내가 이 교회에 오게 된 것은 하나님의 숨겨진 섭리였다고 믿는다. 내 의지라면 이 교회에 가지 않았겠지만, 주님께서는 "건너와서 우리를 도우라"는 말씀과 함께 셋째 아이의 사건을 통해서 내가 이 교회로 와서 훈련받지 않을 수 없도록 모든 환경과 사건들을 안배하셨다.

교회로서는 분쟁과 갈등이 분명 악한 일이었지만, 하나님은 모든 것을 선으로 바꾸셨다. 따라서 분쟁 중에 있는 교회라 할지라도 하나님의 섭리를 신뢰해야 한다. 하나님께서는 그 분쟁을 계획하지 않으셨고, 그것이 사탄의 흉계였을지라도 그것이 일어나도록 허용하신 하나님의 숨겨진 뜻이 있음을 믿기 때문이다.

죽음의 문턱에서 돌아온 아내.

내가 사망의 음침한 골짜기로 다닐지라도 해를 두려워하지 않을 것은 주
께서 나와 함께 하심이라 주의 지팡이와 막대기가 나를 안위하시나이다
시 23:4

하나님의 섭리하심 가운데 이민교회 목회가 시작되었다. 그리
고 한 달 뒤 2013년 8월 12일에 셋째가 태어났다. 첫 검진 이후
나는 거의 하루도 빼지 않고 아내의 배에 손을 얹고 기도해왔다.
그리고 모든 기도의 응답은 주님께 맡겼다. 어떤 아이를 주시든
지, 아픈 아이든 건강한 아이든 주의 사랑으로 키우겠다고 기도
했다. 그렇게 내 손으로 받아든 아이는 쌍커풀이 진하게 진 건강
한 아이로 태어났다.

그제서야 꿈에 나온 세 아기 중에 아픈 아기가 의미하는 것이
무엇인지 깨닫게 되었다. 그 아기는 바로 분쟁과 갈등으로 아픔
을 겪고 있는 그 교회였다. 주님께서는 내게 아픈 교회를 맡아서

돌볼 수 있겠는지 물으신 것이다. 주님께 소중하지 않은 교회가 어디에 있으랴? 교회가 갈라졌다고, 병들었다고 버리시겠는가? 주님은 너무 소중한 교회와 성도들을 포기하실 수 없었던 것이다.

셋째를 품에 안았을 때 나는 그동안 꾹 눌러왔던 눈물을 터뜨렸다. 매일 간절히 기도하던 순간들, 눈물로 기도한 나날들, 무너진 믿음, 실패의 순간들이 한꺼번에 떠올랐기 때문이다. 지난 8개월은 나 자신을 둘러싸고 있던 허물들이 하나씩 벗겨지는 기간이었다. 나는 누구인가? 내 품에 안긴 아기처럼 나는 그저 하나님의 손 안에 들린 연약한 자일 뿐이다. 그렇지만 연약하여도 예수의 생명과 맞바꾼 자, 하나님의 소유가 바로 나였다.

주님, 아내를 살려주세요

셋째가 건강히 태어나고 다시 한 달이 지난 9월 2일 월요일 새벽 4시. 아내가 갑자기 하혈을 하기 시작했다.

"여보, 뭔가 이상해요. 피가 콸콸 쏟아지는데 멈추지 않아요."

나는 자다가 아내의 외침에 잠에서 깼다.

"무슨 소리야?"

변기에 피가 가득 차 있었다. 피와 물이 섞인 정도가 아니라 온통 피로 가득했다. 보통 출산 후에도 어느 정도 출혈이 있을 수 있다고 하는데, 이것은 보는 순간 정상이 아님을 직감했다. 머뭇거리다가는 아내가 죽겠다 싶었다.

나는 다운타운에 있는 KU병원 응급실로 급히 달려갔다. 새벽 5시 반이 조금 넘어 응급실에 도착했다. 아내는 병실에 누웠고 간호사들은 피를 머금을 수 있도록 패드를 넣어주었다. 그런데 의사와 간호사들은 그 외에 별다른 조치를 취하지 않았다. 미국은 특성상 응급실이라고 해도 사람 죽겠다고 소리치지 않는 이상 상당히 느긋한 편이다. 아내가 피를 흘리긴 해도 당장 죽을 정도는 아니었으니 이보다 더 심각한 응급 환자들을 대처하느라 아내는 2순위, 3순위로 밀렸던 것이다. 결국 응급실에서 3시간 반 이상을 기다리게 되었다. 문제는 거의 4시간을 향할 때였다.

"여보, 숨이 안 쉬어져요…."

아내의 얼굴이 하얗게 변해 있었다. 사람의 얼굴이 그렇게 창백할 수 있을까? 핏기 없는 얼굴을 보자 순간 겁이 났다. 아내는 몸을 일으키며 내 옷을 잡아당기더니 그대로 의식을 잃었다.

'아내가 죽는구나!'

나는 의료진에게 사람이 죽는다고 소리쳤다. 그제서야 의료진들이 다급히 아내가 누운 침대 그대로 아내를 어디론가 데려가기 시작했다. 산소포화도의 숫자가 점점 떨어지기 시작했고, 헤모글로빈 수치도 계속 떨어졌다. 간호사들이 아내를 황급히 수술실로 데려갔고, 갑자기 많은 사람들이 몰려오기 시작했다. 정확한 숫자는 기억나지 않지만, 의사 2명과 간호사 6-7명이 달려왔던 것 같다. 나는 상황이 심각하다는 것을 직감했다. 그렇게 아내는 수술실로 들어가고, 나는 수술실 밖에 서 있었다. 아내가 수술을 받는 동안 내가 할 수 있는 것이 하나도 없었다. 아니 유일한 한 가지, 바로 기도 외에는 할 수 있는 것이 없었다. 차가운 병원 복도에 무릎을 꿇고 두 손을 들었다. 그리고 주님께 매달렸다.

"주님, 아내를 살려주세요. 아내를 살려주세요!"

내가 그렇게 기도하는 동안, 아내는 의식을 잃었을 때의 이야기를 나중에 나에게 들려주었다.

아직 주님 만날 준비가 안 되었어요!

(이것은 아내가 기록한 이야기다).

그 순간 나는 반짝이는 롤러코스터 같은 곳을 통과하여 어느 곳에 도착했다.

너무나 평안하고 고요한 곳….

순간 나는 '아, 내가 지금 예수님께서 십자가 우편에 있던 강도에게 말씀하셨던 낙원으로 들어가고 있구나. 성경이 말한 대로 죽음 이후가 끝이 아닌 게 맞구나…' 이런 생각을 했던 것 같다.

그런데 신기한 것은 그때까지 내 목숨같이 사랑했던, 너무 사랑해서 천국도 천천히 가고 싶다고 생각하게 했던 남편 생각이 하나도 나지 않았다. 아니, 내가 결혼을 했고 세 아이의 엄마라는 것 자체가 기억이 안 났다. 너무 평안하고 좋으면서도, 한편으로는 내가 주님 앞에 설 때 내어드릴 것이 아무것도 없다는 생각만 들었다. 너무 죄송하고 부끄러웠다.

그때까지의 삶을 돌이켜보면 하나님을 위한 일이라곤 거의 없이, 나 자신을 위해 무엇을 먹을까, 무엇을 입을까, 혹은 어느 대학을 들어가고, 좋은 직장을 가질까 등등 나 자신만을 위해 살았던 시간들이 파노라마처럼 지나갔다. 하지만 정작 주님을 위해, 하나님 나라를 위해 순종한 것이 없다고 느껴졌다.

그때의 그 떨리는 심정, 그 조바심은 이루 말할 수 없다. 조금 있으면 시험 면접관을 만나야 하는데 준비한 게 전혀 없을 때의 바로 그 느낌이다.

"어떡하지? 난 아직 주님 만날 준비가 안 되었는데…."

이 땅에서 더 오래 못 산 것, 더 누리지 못한 것은 하나도 아쉽지 않았고, 하나도 생각나지 않았다. 오직 거룩하신 하나님을 곧 뵙게 될 것이고, 그분이 서울추에 내 삶을 달아보신다고 생각하니 주님 앞에 설 자신이 도무지 없었다. 하나님의 보좌 앞에 서는 순간이 다가왔다고 생각하니 이 땅에서 그렇게 중요하다고 여기고 집착했던 모든 것들이 하찮고 쓸모없이 느껴졌다. 심지어 그토록 사랑하고 집착했던 가족조차 하나도 생각이 나지 않았다.

하나님 앞에 설 때는 무엇을 가져갈 수 없고, 누구를 데려갈 수 없다. 그저 일대일이다. 부모님이나 남편이나 자녀들도 그 심판대 앞에 나 대신 서줄 수 없었다.

그렇게 세 번 정도 반복해서 롤러코스터 같은 터널을 통해 수술실과 그 곳을 오가며 떨리고 두려운 마음, 송구하고 죄송한 마음을 주님께 아뢰었다.

"주님, 죄송해요. 제게 맡겨진 시간들과 재능들을 낭비하며 살았어요. 다시 기회를 주신다면 그렇게 살지 않을게요."

세 번째쯤 의식이 반복적으로 돌아오자 비로소 내가 결혼을 했고 사모라는 기억이 났다. 나는 그제서야 기도를 드렸다.

"주님, 갓 태어난 막내가 불쌍하네요."

그리고 삯꾼 같은 마음으로 이민교회를 초라하고 보잘것없이 생각했던 것이 생각나서 회개했다.

"주님, 저의 죄를 회개합니다. 다시 살려주시면 주님을 위해 저의 삶을 드리겠습니다."

그 고백을 드리자 마지막으로 롤러코스터 같은 터널을 통과하여 다시 수술실로 돌아왔다.

죽음도 빼앗을 수 없는 천국과 부활의 소망

아내는 많은 수혈을 받고 다시 살아났다. 아내가 다시 살아난 이후 생각난 찬양이 있었다고 한다. 바로 '나 이제 주님의 새 생명 얻은 몸'이라는 찬양이다.

수술실에서 나온 아내의 동공은 초점이 없었고 얼굴은 여전히 창백했다. 초점이 없는 아내를 보는 순간 나는 결혼할 때 했던 서약이 생각났다.

"가난하거나 부하거나 병들거나 건강하거나 어떤 환경 중에서라도 그대를 귀중히 여기고 사랑할 것이며 이 약속을 굳게 지키기로 다짐합니다."

마치 주님이 이렇게 물으시는 것 같았다.

"다위야, 아내가 병들어도, 아파도, 여전히 사랑하겠느냐? 그 약속을 여전히 지키겠느냐?"

그때 힘없이 축 늘어진 아내의 손을 잡고 기도했다.

"네, 주님. 아내가 평생 아플지라도 아내를 귀중히 여기고 사랑할 것입니다."

하나님께서 이 고백을 들으셨는지, 아내는 빠르게 회복하기 시작했다. 원인은 분만 이후 배출되지 않고 자궁에 남아 있던 태반 때문이었다. 그것이 속에서 곪아 썩고 있었던 것이다. 실제로 잔존 태반 때문에 급사하는 경우도 있다고 한다. 자칫하면 아내가 한순간에 죽을 뻔했던 것이다.

나중에 아내로부터 의식을 잃었을 때의 이야기를 들었다. 부모님, 막내도 생각났는데, 놀랍게도 남편은 하나도 생각나지 않았단다.

"정말? 내가 수술실 밖에서 그렇게 간절히 기도했는데 내 생각은 하나도 안 났다고?"

그런데 이어지는 아내의 말에 곧 이해가 되었다.

"당신과는 좋은 추억을 많이 쌓았고, 후회 없이 사랑했잖아."

그렇다. 지금 죽어도 후회하지 않을 만큼 서로 사랑했다는 것도 감사한 일이다. 그 날 이후로 나는 남편들에게 우스갯소리로 이렇게 외친다.

"남편들이여, 아내에게 소망을 두지 말고 오직 주께 소망을 두라!"

그 날 이후 진리는 더욱 선명해졌다. 나와 아내에게 오직 산 소망은 주 예수 그리스도뿐이다. 죽음이 모든 것을 앗아간다고 하지만, 주 예수 안에 있는 영생과 천국과 부활의 소망은 빼앗을 수 없다. 죽음의 세력은 이미 예수 그리스도의 부활로 패배했기 때문이다.

죽음의 위기와 고난마저 성화의 기회가 된다

돌이켜보면 2013년에 참 많은 사건 사고가 있었다. 왜 그렇게 많은 일들이 있었을까? 하나님께서는 크고 작은 모든 일들을 정확한 때와 장소에 안배하셔서 나와 아내가 하나님이 쓰시기에 편한 종, 정말 하나님 한 분이면 충분한 사람이 되도록 빚어가고 계셨다. 그래야만 새로 섬기는 교회도 진정 하나님의 마음에 맞는 교회, 예수님이 주인 되시는 교회가 될 수 있기 때문이다.

사도 바울은 자신에게 일어난 일들이 오히려 복음을 진전시키는 데 도움이 되었다고 고백한다(빌 1:12). 그리스도인들은 주께서 만물을 주관하시고 섭리하심을 믿기에 세상에서 일어나는 이해할 수 없는 사건들과 고통 속에서도 인내할 충분한 근거가 있다. 만물을 섭리하시는 주님은 각 사람에게 필요한 영혼의 계절을 알고 계신다. 언제 봄이 오고, 여름이 오고, 가을이 왔다가 겨울이 오는지, 그분은 그 인생을 향한 영혼의 계절을 다스리신다. 하나님은 은혜를 거두실 때도 있고 베푸실 때도 있다. 정한 기한이 있기 마련이다.

주께서 일어나사 시온을 긍휼히 여기시리니 지금은 그에게 은혜를 베푸실 때라 정한 기한이 다가옴이니이다 시 102:13

사람은 주께서 정한 기한을 알 수 없다. 그렇기 때문에 신자에게 가장 어두운 순간은 종종 가장 위대한 성화의 기회가 되기도 한다. 하나님의 부재라고 느껴지는 시기, 어둠의 터널을 지나가는 시기가 도리어 그 신자가 더욱 주의 성품을 닮아가도록 형성되는 시기다.

이때 정말 중요한 것은 주님은 결코 약속을 저버리지 않으시며, 주님은 정말 선하신 분이라는 점을 믿는 것이다. 그리고 주를 간절히 찾으며 기다려야 한다. 온전히 주님을 주목해야 하고, 그분께 시선을 맞추어야 한다.

역대하 20장에 보면, 모압과 암몬 자손들이 마온 사람들과 함께 연합군을 형성하여 유다를 침략했을 때, 여호사밧은 자신의 힘으로 도무지 그들을 이길 수 없음을 알았다. 그때 여호사밧은 그의 눈을 주님께 향하였다.

우리 하나님이여 그들을 징벌하지 아니하시나이까 우리를 치러 오는 이 큰 무리를 우리가 대적할 능력이 없고 어떻게 할 줄도 알지 못하옵고 오직 주만 바라보나이다 하고 대하 20:12

성도가 고통의 시기를 지날 때만큼, 성도의 눈과 시선이 주님께 고정되는 때는 없다. 예수님의 제자들은 인생의 폭풍우가 닥쳤을 때, 그 어느 때보다 간절히 주님을 찾았다. 주님은 주무시는 줄 알았는데 그렇지 않다. 그것은 '유사(類似, pseudo) 부재(주님이 부재한 것은 아니지만 마치 부재한 듯이 느껴지는 상태)의 시기'를 통해 제자들을 더욱 주님께로 이끄시려는 그분의 지혜였다.

주님은 나사로가 죽고 그 시체가 무덤에서 썩도록 의도적으로 지체하셨고 내버려두셨다. 그리고 '정한 기한'이 되었을 때 그를 다시 살리심으로써 제자들의 마음에 이전과 비교할 수 없는 견고한 믿음이 자리잡게 하셨다. 부활의 표적을 보이심으로 다가올 부활을 맛보게 하신 것이다.

나에게는 아내가 죽다 살아난 것이 꼭 풍랑을 만난 제자들, 죽었다가 살아난 나사로의 경험과 흡사했다. 비록 간접적인 경험이었지만, 주님은 고난마저도 성화의 길로 이끄시는 도구로 삼으시는 섭리를 베풀어주셨다. 주님은 의도적으로 잠시 그곳에 있지 않으셨고, 이는 우리로 하여금 믿게 하시려는 뜻이었다(요 11:15). 하나님은 우리의 실패도 허용하시고, 고난도 허락하셔서 우리의 교만과 자만을 버리게 하신다. 그리고 예수님처럼 온유와 겸손의 옷을 입게 하신다. 그리고 삶에서 무엇이 중요한지, 삶의 우선순위를 재정립하게 하신다.

그 날 이후로 나에게 최우선순위는 하나님, 아내, 가족, 사역이 되었다. 목회와 사역을 결코 하나님보다, 가정보다 우선에 두지 않았다. 가정을 해치면서 사역을 우상 삼지 않으려 했다. 이것은 고난이 아니었더라면 깨닫지 못했을 소중한 교훈이다.

길 잃은 양을 찾는 목자처럼。

너희 중에 어떤 사람이 양 백 마리가 있는데 그 중의 하나를 잃으면 아흔
아홉 마리를 들에 두고 그 잃은 것을 찾아내기까지 찾아다니지 아니하겠
느냐 눅 15:4

교회에 부임하자마자 심방을 하기 시작했다. 이 교회는 한때
100여 명 이상 모였던 교회였고, 비록 성도들이 나갔더라도 교적
에 보니 재적이 40여 명 이상 되었다. 부임하고 나서 내가 가장
먼저 한 일은 예배를 세우고 기도를 심는 일이었다. 기도 없이는
살아날 수 없기 때문이다. 그 당시 비록 새벽기도는 없었지만,
나는 아내와 함께 본당에 나가 기도를 심기 시작했다. 하나님께
이 교회를 살려달라고 부르짖었다. 어찌나 부르짖었는지 아내의
표현으로는 내가 '득음'을 했다고 할 정도였다. 지금 내 목소리
톤으로 자리 잡게 된 것도 바로 이 교회에서 통성으로 절박하게
기도했기 때문이다.

잃은 양을 찾으시는 주님

그리고 나는 교회를 떠날 수밖에 없었던 분들을 위해 기도하기 시작했다. 이들은 교회의 중심이자 교회를 사랑하던 분들이었다. 나는 기도할 뿐만 아니라 한 가정, 한 가정을 찾아가기로 했다. 주님께서 잃은 양을 찾아 나선 것처럼 찾아가기로 한 것이다. 어떤 분은 가정에서, 어떤 분은 교회 근처 커피숍에서 뵈었다. 한 성도님은 내가 찾아가자 "목사님, 이렇게 찾아와주셔서 감사합니다. 교회로 돌아가겠습니다"라며 감사한 마음을 표현하셨다. 그러나 어떤 분은 이미 큰 상처를 받고 상심이 컸는지, 다시 돌아가지 못하겠다고 선을 그었다. 교회에 대한 실망도 실망이지만, 새로 부임한 젊은 목사를 신뢰할 수 없었기 때문이 아니었을까. 너무 가슴이 아팠지만, 나는 그 분들의 결정을 존중해 드렸다.

어느 날 교회에서 지휘로 섬겼던 형제님이 내게 전화를 주셨다.

"목사님, 이분은 꼭 찾아가야 합니다."

그 분은 바로 반주자였다. 당시 교회에 반주자가 없었다. 그래서 반주에 익숙하지 않은 아내가 예배를 위해 찬송가 반주를 하곤 했지만, 이대로는 영감 있는 예배를 드리기에 소망이 없었다. 그래서 반주자를 보내달라고 기도하던 중에 마침 지휘자 형제까지 간곡하게 부탁을 하여 찾아가기로 한 것이다. 그러나 이분 역시 큰 상처를 받은 뒤였다. 아무리 지휘자가 부탁하고 담임자가 찾아가도 거절하였다. 나 역시 어쩔 수 없구나 하고 실망한 채 돌아왔다. 그러나 지휘자가 다시 한 번 더 찾아가보자고 했고, 그다음에 다시 찾아갔지만 이번에도 거절하셨다. 그래서 주님께 아뢰었다.

"주님, 포기해야 할까요?"

"내가 잃은 양을 포기한 적이 있더냐?"

순간 정신이 번쩍 들었다. 그래서 결국 세 번째 권면했을 때, 지금까지와 다르게 이번에는 기도해보시겠다고 하셨다. 며칠 후 결국 교회에 나오셨다. 할렐루야! 실족한 한 성도를 되찾기 위한 목자의 마음으로, 삼고초려(三顧草廬)의 마음으로 다가갔을 때 주께서 그 분의 마음을 돌이켜주신 것이다. 그 분은 그 때부터 내가 한국으로 청빙받아 갈 때까지, 든든한 후원자가 되어주셨고, 한국으로 돌아와 현재 선한목자교회에 출석하고 계시며, 나와 아내를 위한 든든한 중보자가 되어주고 계신다. 만일 그때 포기했더라면 어쩔 뻔했나? 생각만 해도 아찔하다.

물론 모든 성도들을 다 찾아가지는 못했다. 이미 수소문으로 다시는 돌아오지 않겠다는 분들도 꽤 많았기 때문이다. 무너진 마음을 회복시키기란 참으로 많은 인내와 수고가 필요하고, 때로는 열매가 보이지 않을 수도 있다. 그러나 나는 하나님께서 그들의 영혼의 계절을 가장 풍성하게 인도하시기를 기도했다. 그랬기 때문에 아쉬움은 있어도 후회는 없다. 가장 선한 길로 인도하실 주님을 신뢰하기 때문이다.

오직 예수 그리스도의 복음을 심는 교회

2013년 추수감사절에는 새로 오신 성도님들과 돌아오신 성도님들까지 약 50여 명이 넘는 성도들이 모여 추수감사예배를 드렸다. 하나님께서는 매해 새로운 가정들을 보내주셨다. 캔자스시티는 중소도시라서 잠시 거쳐가는 성격이 강하다. 그래서 이주해 오더라도 장기적으로 거주하는 분들보다 타 주로 건너가시는 분들이 많다. 그렇다 할지라도 이곳에 얼마를 머물든지, 그들에게 오직 예수 그리스도의 복음이 심겨지기를 기도했다.

예수님의 사람 제자훈련을 시작하며 1기, 2기, 3기, 4기를 거듭해갈수록 나는 죽고 예수로 사는 성도들이 하나둘씩 세워지기 시작했다. 청년들 서너 명이 모여 기도하던 금요기도회가 금요성령집회로 바뀌어 본당에서 본격적으로 드려지기 시작했고, 새벽기도회, 중보기도팀들이 생기면서 교회에 기도의 활력이 생겨나기 시작했다.

새로 등록한 가족들은 신실하게 맡은 사역을 감당해주셨고, 새가족부가 활성화되면서 어떤 해는 정착율이 90퍼센트가 넘은 적도 있었다. 기존 성도, 새로 오신 성도 할 것 없이 모두가 주의 몸 된 교회를 건강하게 세우기 위해 한마음으로 섬겼다. 그렇게 해서 2014년은 65명, 2015년은 80명, 2016년이 넘어가면서 매주 90명이 정기적으로 출석하는 교회로 회복해갔다.

내가 한국으로 돌아올 때는 실제 재적이 200명이 넘는 교회로 성장했다. 이 모든 것이 하나님의 은혜요, 교회를 사랑하는 성도들의 기도와 순종, 헌신의 열매였다. 지금 돌아보면, 당시 새파랗게 젊은 담임목사를 신뢰해주고, 오직 주님만 믿고 함께 교회를 세워나간 성도님들께 참으로 감사하다.

비자의 문을 열어주소서.

볼지어다 내가 네 앞에 열린 문을 두었으되 능히 닫을 사람이 없으리라…

계 3:8

이민 목회를 하다보니 유학을 와서 취업의 문을 두드리는 성도들이 꽤 많았다. 외국인으로서 취업을 하기 위해서는 H-1B비자를 받아야 하는데, 일단 고용주가 있어야 하고 추첨제이기 때문에 신청한다고 다 되는 것은 아니다. 그렇다보니 이 시기가 되면 학생들은 더욱 간절한 마음으로 기도하게 된다. 이뿐만이 아니다. H-1B를 통과한다고 해도 그다음은 영주권 지원을 받아야 미국에 남을 수 있게 된다. 그래서 이 모든 과정을 거쳐 영주권을 받고 시민권을 받은 분들을 제외하면 이민 목회의 기도 제목 중에 비자 문제가 빠지는 경우는 별로 없다.

사실 우리가 어디에 사느냐보다 더 중요한 것은 무엇을 위해 사느냐이다. 생명도, 태어난 곳도, 부모도, 형제도 우리는 선택할 수 없었다. 모든 것이 주어진 것이요, 그것 역시 하나님의 섭리의 일부분이다. 그러나 태어난 이후에 하나님의 섭리의 손길을 따라 살 것인가, 말 것인가는 단지 우리가 어디서 사느냐보다 더 중요한 주제이다.

사람이 닫을 수 없는 문을 열어주소서

2014년 초 한 자매가 새가족으로 등록하였다. 그리고 신실하게 주일학교 교사로 섬기면서 어린이부를 세우는 데 큰 힘이 되었다. 그런데 그 해 가을부터 비자 문제와 직장 문제로 어려움을 겪기 시작했다. 결국 그 선생님은 40일 작정기도를 시작했다. 만일 신분의 문제가 해결되지 않으면 오랜 유학생활을 뒤로하고 한국으로 돌아가야 하는 상황이었다. 사실 하나님께서 한국으로 돌아가게 하실 수도 있고, 미국에 남게 하실 수도 있었다. 그렇기 때문에 어느 한쪽을 정하지 말고 어느 쪽이든지 주님의 인도하심을 구하자고 권면하였다.

그렇게 함께 기도하던 중 10월의 어느 화요일 요한계시록 3장 7-13절 말씀을 본문으로 읽었는데, 그것은 빌라델비아교회에 대한 메시지였다. 그 날 말씀을 묵상하는데 '다윗의 열쇠'라는 문구가 나오더니, 그다음 구절이 마음에 다가왔다.

볼지어다 내가 네 앞에 열린 문을 두었으되 능히 닫을 사람이 없으리라 내가 네 행위를 아노니 네가 작은 능력을 가지고서도 내 말을 지키며 내 이름을 배반하지 아니하였도다 계 3:8

사실 여기서의 '열린 문'은 다윗의 집 입구의 문을 의미한다. 결국 하나님의 전이요 새로운 예루살렘으로 들어가는 문이다. 또한 신약 곳곳에서 열린 문은 보통 기회를 상징한다. 결국 주님께서 하나님의 임재로 들어가는 문, 기회의 문을 여셨고, 누구도 그 문을 닫을 수 없다는 뜻이었다. 이 말씀을 곰곰이 묵상하며 지난 1년간 하나님께서 이 교회에 부어주신 은혜가 생각났다. '하나님께서 회복의 문을 열어주셨고, 구원의 문을 열어주셨고, 선교의 문을 열어주시는구나.'

이렇게 말씀을 묵상하다가 문득 그 선생님의 기도 제목이 생각났다. 그리고 이 말씀이 그 선생님의 상황과 무관하지 않다는 믿음이 들었다. 하나님께서 그 선생님이 미국에 남을 수 있는 기회의 문을 여신 것 같다는 생각이 들자 이 말씀으로 중보기도를 하기 시작했다.

"주님, 아시지요? 그 선생님이 간절히 기도하는 모습, 보셨지요? 그 선생님이 아이들을 가르치고 돌보기 위해 얼마나 성실하게 매주 봉사하고 있는지도 다 아시지요? 모든 것이 하나님의 뜻 안에 있음을 믿습니다. 하나님께서 닫힌 비자의 문을 활짝 열어주시기를 기도합니다."

　빌라델비아교회에 대한 본문으로 말씀을 나눈 그 날, 새벽기도를 드리고 나가는 그 선생님을 위해 이 말씀을 붙잡고 교회 로비에서 안수기도를 해주었다. 그 날은 바로 회사에서 비자 관련 인터뷰를 보는 날이었고, 결과가 금요일에 나온다는 것이었다. 결국 금요일이 되었고 결과를 기다리는데 금요일 밤이 되어도 회사측 답변은 없었다. 토요일이 되어 리더 모임을 하는데 그녀의 고백은 마음이 평안하다고 했다. 감사했다. 그리고 리더 모임에서 헤어진 지 1시간이 지났을 때 그 선생님으로부터 연락이 왔다.

　"목사님! 저 회사에서 비자 지원해준대요!"

　감격의 전화였다. 비자 문제 해결의 기쁨은 당사자가 아니면 알 수 없다. 지난 한 달 이상의 기도 끝에 맺혀진 결과였다. 하나님은 그 자매의 상황을 아시고 말씀을 통해 기회의 문을 열어주셨다. 그 후 그 선생님은 교회에서 신실한 형제를 만났다. 주일학교를 섬기는 모습에 형제의 마음이 끌려 결국 결혼하게 된 것이다. 내가 그 교회에 부임하고 나서 첫 번째로 주례한 커플이 되었다. 그리고 지금은 아들을 낳아 행복한 가정을 이루고 있다. 비자도, 만남도, 결혼도, 신실하신 하나님의 섭리 가운데 있다.

다시 돌아오라.

하나님의 은혜로 교회가 한창 회복하고 성장하던 2015년 여름, 한국으로부터 전화가 왔다. 받아보니 유기성 목사님이셨다.

"목사님, 잘 지내지요? 교회는 어떤가요?"

"네, 교회는 하나님의 은혜로 잘 회복하고 있습니다."

"네, 감사한 일이에요. 그런데 목사님께서 곧 한국으로 돌아와주셨으면 합니다."

그렇다. 교회와 약속했던 때가 다가온 것이다. 본래 대학원 석사 혹은 박사 과정을 마치거나 5년이 되면 한국으로 돌아가기로 했었다. 그러나 2013년에 변수가 생겼고 갑자기 중앙교회를 맡게 되었다. 비록 교회가 성장하고 있지만, 지금 내가 2년 만에 사임하게 되면 교회는 큰 상심에 빠질 것이 분명했다. 이제 성도들이 마음을 주고 신뢰하기 시작했고, 성도들도 서로 화해하며 회복되고 있었기 때문에 도무지 그 때는 나올 수가 없었다.

지금 하나님께서 부르신 자리

결국 목사님께 지금의 상황을 말씀드릴 수밖에 없었다.

"목사님, 죄송하지만, 지금 당장은 돌아가기가 어려울 것 같습니다."

연말이라면 인사를 하고 후임자를 세운 이후에라도 가능하겠지만, 목사님께서는 지금 바로 돌아오기를 원하셨다. 만일 돌아가지 않으면, 결국 목사님께 실망을 안겨드리고 약속을 지키지 않은 목사가 되고 말 것이다. 하지만 여러 질문이 끊이지 않았다. '교회를 그냥 놔두고 돌아가는 것이 옳은가? 금방 한국으로 돌아갈 목사라며 신뢰해주지 않던 몇몇 성도들에게 결국 그것이 사실이었다고 인정하도록 할 것인가?' 여러 가지 생각에 머리가 복잡해졌다. 또한 선한목자교회와의 연줄이 끊어졌다는 생각에 마음이 편치 않았다. 그 당시에는 정말 무엇이 주님의 뜻인지 분별하기가 쉽지 않았다.

그러나 분명한 것은 하나였다. 지금 맡겨주신 양떼를 마음 다해 사랑하는 것, 그것이었다. 그 후로 나와 아내는 며칠간 심란한 마음을 감추지 못한 채 그저 기도의 자리에 나아갈 수밖에 없었다. 이제는 돌아갈 길이 차단되었고 정말 캔자스 광야에 남겨졌다. 그러나 그곳이 하나님께서 부르신 자리였음을 믿었기에 다시 일어날 수 있었다.

시간이 흘러 2018년 5월이 되었다. 어떤 목사님으로부터 유기성 목사님께서 시카고에 예수동행세미나를 인도하러 가시니 가서 인사드리면 좋겠다고 조언을 해주셨다. 지난 2015년에 순종하지 못한 것에 대한 죄송함과 아울러 지금까지 이 교회에서 주님이 역사하신 일들을 목사님과 나누어야겠다는 마음에 곧장 일정을 수정하고 시카고로 떠났다.

8시간 이상 차를 몰고 도착하여 목사님과 사모님 두 분께 오랜만에 인사를 드렸다. 목사님은 반갑게 우리 내외를 맞이해주셨다. 하지만 도둑이 제 발 저린다고, 왠지 두 분의 표정이 섭섭해하시는 것처럼 보였다. 나중에 한국에 돌아와서 박리부가 사모님께 그 때의 상황을 여쭈어보니 당시 유 목사님과 사모님께서는 전혀 서운하지 않았다고 말씀해주셨다. 그러니까 나와 아내의 오해였다. 하지만 교회의 지원을 받고 약속을 지키지 못한 우리로서는 늘 큰 부담감을 안고 살아왔다. '교회에 도움이 되어야할 텐데, 이 은혜의 빚을 갚을 수 있는 기회가 있어야 할 텐데….' 늘 이런 빚진 마음이었다.

2박 3일 세미나의 둘째 날을 마칠 때쯤, 유 목사님께서 내일 아침식사를 함께하자고 하셨다. 다음날 아침, 나는 유 목사님께 죄송한 마음을 전해드리고, 왜 그 때 돌아갈 수 없었는지, 지난 몇 년간 우리 가정과 교회에 있었던 일들을 상세히 말씀드렸다. 하나님의 은혜로 용서와 화해를 통해 성도들이 서로 화합하여 제2의 부흥기를 맞이하고 있던 때가 2018년이었다. 유 목사님과 사모님께서 지난 이야기들을 들으시더니, 교회를 회복시키고 다시 세워주신 하나님의 은혜에 감동하고 놀라워하셨다. 또한 그동안 얼마나 고생이 많았냐며 나와 아내를 따뜻하게 위로해주셨다. 그 말씀에 돌아가리라는 약속을 지키지 못한 채 내 마음을 짓누르던 부담이 눈 녹듯이 사라지는 듯했다.

나의 제2의 고향 캔자스시티

아쉬운 만남을 뒤로하고 목사님은 한국으로, 나는 캔자스시티로 돌아오게 되었다. 유 목사님께서는 미국에서 예수동행운동을 시작해보도록 권면해주셨다. 그리고 "혹시 한국에 돌아와야 한다고 분별이 되면 언제든지 알려달라"고 하시며 한국으로 돌아올 수 있는 길 또한 열어주셨다. 하지만 당시 나의 부르심은 내게 맡겨주신 캔자스 한인중앙감리교회였다.

나와 아내는 우리가 먼저 어느 곳에 가겠다고 지원서를 넣거나 주님보다 앞서서 움직이지 않겠다고 결단한 적이 있다. 즉 명백하게 하나님의 부름이 아닌 이상, 또한 누가 보아도 이것은 하나님이 부르신 것이라고 하지 않는 이상, 우리가 먼저 움직이는 일은 없을 것이라고 기도한 것이다. 그렇기 때문에 유기성 목사님의 말씀은 참으로 감사했지만, 이제 나의 제2의 고향은 캔자스 시티였다.

나는 목사님께 감사의 마음을 전해드리고 언제 어디서든 주님이 이끄시는 대로 가겠다고 말씀드렸다. 돌이켜보면, 모든 것이 하나님의 섭리였음을 고백한다. 만일 그때 한국으로 돌아갔다면 어떻게 되었을까? 아마 또 다른 길이 열렸을 것이다. 그러나 그때 미국에 남는 것이 하나님의 최선의 인도하심이었다. 유 목사님께서 기도해주신 대로 주님과 행복하게 동행하다보니 주님께서 분명한 분별과 인도하심을 주신 것이다.

첫 해외선교 지원 그리고 훼방。

그런즉 너희는 먼저 그의 나라와 그의 의를 구하라 그리하면 이 모든 것
을 너희에게 더하시리라 마 6:33

교회가 매해 회복과 성장을 거듭하면서 2016년이 되었을 때,
하나님께서는 계속해서 해외선교에 대한 마음의 부담을 주셨다.
진정 교회가 교회 되는 길은 교회가 본질에 집중할 때다. 교회의
본질은 복음 전파와 선교가 아닌가? 부족한 재정 상황에 대한
핑계를 내려놓고 먼저 그의 나라와 의를 구하는 것이 하나님의
뜻이다. 결국 모든 리더십들에게 올해부터 해외선교 지원을 시작
하고, 곧 단기선교팀을 파송하겠다는 선교 비전을 나누고 기도
부탁을 드렸다.

그런데 몇몇 리더십들은 "지금의 재정 상황은 아직 해외선교를
할 만한 정도가 아닙니다. 재정 건전성이 좀 더 확보된 이후에 하
시는 것이 어떨까요?"라고 하셨다. 이성적으로 일리가 있는 말씀

이었다. 그러나 작년부터 계속해서 선교에 대한 부담을 주셨고 더 이상 미룰 수 없다는 마음을 나누었을 때 다들 동의해주셨다.

중앙교회는 26년의 교회 역사 가운데 한 번도 해외단기선교팀을 보낸 적이 없고, 선교에 대한 이해도 약한 교회였다. 게다가 여기가 땅 끝인데 굳이 땅 끝으로 가야 하는지 의구심을 품은 분들도 있었다. 그래서 선교에 대한 메시지를 선포하고 더불어 중보기도가 함께 일어나야 했기에 중보기도 팀원들과 기도 제목을 나누고 기도를 심기 시작했다. 그리고 첫 해외선교 지원 대상지로 학부 시절 바이블모스로 함께 기도하며 동역했던 원정하 선교사님이 계신 인도 뭄바이로 정했다. 실제 슬럼 아이들에게 만화성경을 보급하며 선교를 하고 계셨기 때문에 많은 후원과 기도가 필요한 상황이었다.

첫 해외선교 지원과 사탄의 방해

그런데 첫 선교약정주일을 준비하던 주간, 예상치 못한 일이 벌어졌다. 선교약정주일 전날이었다. 정성껏 준비된 선교약정서를 들고 기쁜 마음으로 집에 돌아온 토요일 오후, 이제 막 두 살 반이 넘은 막내가 곤히 자고 있었다. 새근새근 잘 자는 모습을 아내와 함께 흐뭇하게 바라보았다. 그리고 나는 주일 말씀을 준비하러 서재로 내려왔다.

그런데 얼마 후 찢어질 듯한 비명소리가 들려왔다.

"여보!!"

"무슨 일이야?"

급하게 안방으로 뛰어갔는데 이게 웬일인가? 그렇게 평안히 잘 자던 막내가 입에 거품을 물고 눈이 뒤집혀서 흰자만 보이고 입술은 시커멓게 변해 있는 것이 아닌가? 아이는 힘없이 엄마 품에 안겨 축 늘어져 있었고 숨도 잘 쉬지 못하고 있었다. 나는 급히 아이를 데리고 응급실로 향했다. 아내는 뒷자리에서 아이를 안고 통성으로 기도를 하며 가고 있었다. 아내와 나는 이것이 악한 영의 공격임을 직감하였다. 교회 역사상 대대적인 첫 해외선교 지원을 시작하려고 하는 주일 전날, 이런 위협을 가한 것이라고 느껴졌다. 아내는 차에서 대적기도를 하며 외쳤다.

"마귀야, 우리는 선교를 포기하지 않을 거야!! 네가 아무리 겁을 줘도 포기하지 않아!"

그렇게 외치며 기도하는 가운데, 어느덧 응급실에 도착해서 긴급히 검진을 받았다. 아이는 점차 안정을 되찾았고 검푸르던 입술도 다시 붉게 회복되기 시작했다. 그리고 30분이 안 되어 언제 그랬냐는 듯이 정상으로 돌아왔다. 그리고 곧 퇴원할 수 있었다.

도대체 무슨 일이었을까? 아이를 키우다보면 간혹 그런 일이 있다고 한다. 그러나 첫째와 둘째 모두 이런 일이 없었고, 막내도 이날 이후로 다시는 이런 증상이 나타나지 않았다.

감사한 마음으로 다음날인 2016년 2월 28일, 첫 선교약정주일을 드리고 해외선교 비전을 선포하였다. 그리고 오직 마음에 감동이 되고 자원하여 순종하실 이들만 참여하시기를 권면해드렸다. 소수의 성도들이었지만 감사하게도 해외선교 지원을 위한 선교헌금에 동참해주셨다.

슬럼가 양철교회를 세울 수 있을 만한 재정

2월부터 7월까지 6개월 정도 선교비가 모였을 때 인도의 선교사님으로부터 재정 지원 요청이 왔다. 인도 뭄바이의 울하스나가르라는 슬럼 지역은 귀신들이 출몰한다고 한다. 그래서 아이들과 그 지역을 위해 교회를 세우려고 하니 가능한 대로 재정을 보내주시면 그 금액으로 교회를 세워보겠다는 말씀이었다.

교회를 세우려면 얼마나 많은 재정이 필요하겠는가? 그래서 최소한 얼마가 필요하신지 여쭈었는데 그 금액을 듣고 깜짝 놀랐다. 선교사님이 말씀하신 그 금액이 지난 6개월간 선교헌금으로 모인 재정이었기 때문이다. 그 정도 재정이면 슬럼가에 양철교회를 세울 수 있다는 것이었다. 할렐루야!

돌아보니 하나님은 바로 이때 교회가 필요한 것을 미리 아시고, 지난 2월부터 선교에 동참할 자들을 찾고 계셨던 것이다. 그리고 하나님의 섭리의 손길에 따라 마음에 감동된 이들을 통해 재정을 모으게 하셨고, 귀신이 출몰하는 그 지역에 주님의 교회를 세우셨다.

선교사님의 이야기를 들으며 지난 2월에 왜 막내에게 그런 일이 일어났었는지 해석되기 시작했다. 정말 그 일은 악한 영의 방해의 역사이자 훼방이었다. 두려움을 주어 선교하지 못하도록 막으려고 했던 일이었다. 그렇게 해석이 되고 믿어지니, 더욱 기도하며 선교하지 않을 수 없었다.

그 이후 선교에 동참하는 성도들이 늘어나기 시작했다. 그러더니 2016년부터 2019년까지만 해도 인도 전역에 각 지역의 언어로 약 15만 권의 만화성경을 보급할 수 있었다. 그리고 2018년부터는 두 집사님의 열정과 헌신을 바탕으로 아이티 선교가 시작되었다. 몇 년 지나지 않아 그곳의 180여 명의 고아들을 대상으로 음악학교가 세워졌고, 아이들은 악기를 하나씩 배우며 하나님나라의 꿈을 키워가기 시작했다.

하나님은 지금도 하나님의 선교에 동참할 이들을 찾고 계신다. 그분은 모든 자원을 미리 준비하고 계신다. 우리는 그저 주님의 손을 붙잡고 한 걸음씩 순종하면 된다.

박사 과정에서 만난 미국 최고의 신학자들.

지혜로운 자와 동행하면 지혜를 얻고 미련한 자와 사귀면 해를 받느니라

잠 13:20

2018년 초 어느 날 집에서 기도를 하다가 본래 미국에 올 때 계획했었던 박사 과정을 시작해야 한다는 마음이 들었다. 그렇지만 이 생각이 주님의 생각인지, 내 생각인지 분별이 필요했다.

"주님, 저는 더 이상 공부하기 싫습니다. 이미 공부는 충분히 한 것 같습니다. 왜 제가 굳이 박사 과정에 들어가야 하나요?"

나는 하나님께 가지 않겠다고 투정했다. 신학 공부는 이제 충분했다. 물론 목회자는 평생 공부해야 한다. 그러나 정규 과정을 통한 공부는 아니라고 생각했다. 이제 남은 평생 배운 말씀대로 살아내고 순종하는 삶이 훨씬 더 중요했다. 그런데 주님께서 문득 이런 마음을 주시는 듯했다.

"네가 지금 공부해두어야 신학생들을 가르치고, 북한이 열리

고 통일이 되었을 때, 북한에서 목회자들을 가르치고 지도할 수 있지 않겠니? 학교와 교회를 세우고, 신학교를 세워 주의 종들을 가르치기 위해서 너는 올해 가을에 시작해야 한다.ᆞ

'북한'이라는 말에 나는 머리를 맞은 듯했다. 나 자신을 위해서가 아니라 다른 사람을 위해, 후학들을 위해 공부하라는 의미였다. 물론 학위가 없어도 북한 선교는 가능하지만, 북한이 열리면 수많은 이단들이 침투할 것이 분명하다. 건강한 신학과 복음적인 신앙으로 준비된 자들이 필요할 것이 분명하다. 결국 기도하는 가운데 박사 과정 입학이 하나님의 인도하심이라 여겨졌다.

하나님의 예비하심, 듀크신학대학원 지원

대개 미국 박사 과정에서는 GRE(Graduate Record Examination, 미국의 대학원 수학 자격 시험)나 토플을 요구한다. GRE 시험을 준비해야 한다고 생각하니 목회도 바쁜데 도무지 순종할 염두가 나지 않았다. 그래서 주님께 말도 안 되는 제안을 드렸다. 만일 영어 시험을 다시 치지 않아도 되면 박사 과정에 들어가겠다고 한 것이다.

곧이어 목회학박사 과정을 지원할 학교를 기도하며 찾기 시작했다. 그러나 찾는 일은 어렵지 않았다. 예전부터 가고자 했던 학교는 듀크신학대학원(Duke Divinity School)이었다. 그 학교에는 세계적인 기독교 윤리학자요 신학자인 스탠리 하우워어스(Stanley Hauerwas) 교수님과 감리교회 감독이자 저명한 설교자요 예배와 설교학 교수이셨던 윌리엄 윌리몬(William Willimon) 교수님이 계시기 때문이다. 두 분이 공저한 《하나님의 나그네 된 백성》(복있는사람)은 나에게 교회론의 기초를 정립해준 책이었다. 따라서 박사 과정을 한다면 일순위가 듀크신학대학원이었다.

나는 2018년 가을 학기 지원을 위해 홈페이지에 들어가서 'apply' 버튼을 눌러 하나씩 개인 정보를 입력하기 시작했다. 그런데 마지막 부분에 감사하게도 이미 미국에서 학부나 대학원을 졸업한 자는 영어시험 점수를 제출하지 않아도 된다는 것이었다.

미국에서 목회학석사 과정을 공부하게 하신 데는 모두 하나님의 뜻이 있었다. 결국 핑계 대지 말고 입학하라는 뜻으로 여겨졌다. 나는 이 모든 것이 정확한 하나님의 섭리임을 믿고 순종하는 마음으로 박사 과정에 지원하였고, 합격이 되어 2018년 가을부터 수업이 시작되었다.

첫 학기를 몇 주 앞두고 학교에서 공지 사항을 알려왔다. 당시 박사 과정의 디렉터였던 분이 사임하시고 새로운 디렉터가 오셨다는 것이다. 그 분은 바로 윌리엄 윌리몬 교수님이셨다. 그 분은 박사 과정 내내 지도 교수님이 되어주셨다. 당시 클래스에 세 명의 한국인이 있었는데, 윌리몬 교수님은 이 세 명에게 특별한 관심을 써주셨다. 2019년 여름에는 내가 한국에서 하는 결혼식에 주례를 하게 되어 여름 학기를 수강할 수 없었는데, 윌리몬 교수님은 2020년 여름 다른 클래스와 함께 그 수업을 들을 수 있도록 배려해주셨다.

스텐리 하우워어스 교수의 지도를 받다

결정적으로 박사 논문 지도 교수님을 정할 때가 되었을 때, 나는 꼭 스탠리 하우워어스 교수님에게 지도를 받고 싶었다. 하지만 하우워어스 교수님은 이미 은퇴하여 명예교수가 되셨고, 당시에는 오직 박사과정 중 '리더십' 수업만 강의를 하러 오셨다.

나는 윌리몬 교수님께 꼭 하우워어스 교수님께 주심을 받고 윌리몬 교수님이 부심을 봐주시면 좋겠다고 간청했다. 그러자 윌리몬 교수님은 나의 박사 논문 주제가 '하나님의 나그네 된 백성들을 세우는 덕스러운 리더십'(virtuous leadership)에 대한 것임을 보시고 스탠리 하우워어스 교수님에게 이야기해보겠다고 하셨고, 결국 하우워어스 교수님의 승낙을 얻었다. 윌리몬 교수님께서 도와주지 않으셨다면 박사 과정도, 논문도 제대로 진행할 수 없었을 것이다. 나는 하나님의 예비하심 덕분에 윌리몬 교수님을 통해 모든 과정을 순적하게 보낼 수 있었다.

박사 과정 디렉터로서 논문 부심(second reader)이었던 윌리몬 교수님 외에 또 다른 부심은 세인트폴신학교의 전영호 박사님이셨다. 전 박사님은 나의 논문을 꼼꼼히 읽어주셨고, 여러 제언들과 참고할 도서도 추천해주셨다. 전 박사님의 지도를 받으며 보완점들을 하나씩 채워나갈 수 있었다. 박사님의 폭넓은 식견과 다양한 관점을 통해 나의 논문은 조금씩 완성도를 더해갔다.

또한 하우워어스 교수님은 논문 지도 과정 내내 격려를 아끼지 않으셨다. 내가 보내는 이메일에 하루나 이틀 안에 답장을 보내주셨고, 질문과 관련된 책도 몇 권씩 소개해주셨다. 논문의 90퍼센트를 완성해서 보냈을 때에는 "다위, 너 정말 엄청나게 많은 분량을 소화하여 정리해냈구나. 훌륭해!" 이렇게 답해주셨다. 까다롭고 엄격할 것만 같았던 교수님은 논문 기간 내내, 포기하지 않고 논문을 완성할 수 있도록 끝까지 힘을 실어주셨다. 나는 마지막 논문을 마치고 교수님의 조언을 반영하여 끝마쳤을 때 해주신 표현을 잊을 수가 없다.

"David, now you are a young theologian! Congratulations! 데이빗, 이제 너는 젊은 신학자야! 축하해!"

나는 교수님의 극찬에 기뻤다. 동시에 아직 젊기 때문에 더 성숙할 부분이 많다고 격려해주신 것이라 생각했다. 2021년 4월 20일, 박사 논문이 최종적으로 통과되었다. 그리고 선한목자교회의 청빙위원회로부터 전화가 온 날은 2021년 5월 2일 새벽이었다.

꿈이 현실이 되다.

꿈에 본즉 사닥다리가 땅 위에 서 있는데 그 꼭대기가 하늘에 닿았고 또 본즉 하나님의 사자들이 그 위에서 오르락내리락 하고 창 28:12

2019년에는 교회에 겹경사가 났다. 당시 청년부를 섬기던 전도사님이 한국에서 결혼을 하게 되었고, 교회의 한 남자 청년도 한국에서 결혼을 하게 된 것이다. 그런데 두 분 다 내게 한국에서 하는 결혼 주례를 부탁하였다. 너무나 복된 결혼이기에 주례를 해주겠다고 하면서도 조건을 내걸었다. 결혼 일자를 2주 정도 간격으로 맞춰주면 좋겠다고 한 것이다. 그래서 6월 8일과 6월 22일에 결혼 일정이 잡혔다.

그래서 나는 6월 5일부터 약 3주간의 일정으로 한국을 방문하게 되었다. 그리고 이 소식을 2월 초에 유기성 목사님께 미리 알려드렸다. 그러나 목사님은 호주 세미나 일정이 이미 잡혀 있어서 6월 16일 이후에나 만날 수 있다고 하셨고, 나도 6월 16일 이후에 만나 뵙고 싶다는 뜻을 전달했다.

한국으로 돌아오게 될 것을 보여주심

그리고 열흘이 지난 2월 15일 토요일 새벽, 꿈을 꾸었다. 내가 선한목자교회의 본당에서 설교를 하고 있었다. 나는 한국에서 전도사로 사역하다가 미국에 왔기 때문에 한 번도 본당 강단에서 설교를 해본 적이 없었다. 그 말은 이것이 나의 과거 기억이 아니라는 뜻이다. 나는 설교를 마치고 강단에서 내려와 장로님들과 성도님들과 반갑게 악수하며 인사를 나누었다. 그러다가 꿈에서 깼다.

나는 혹시나 하여 휴대폰을 확인했는데, 한국의 유기성 목사님으로부터 메시지가 와 있었다.

"목사님, 제가 6월 9일은 호주 세미나 때문에 호주에 있게 되는데, 목사님이 한국 방문 중이니 주일 설교를 부탁하려 합니다. 가능하시면 회신을 주시기 바랍니다."

방금 설교하는 꿈에서 깨었는데, 주일 설교를 해달라는 요청을 받은 것이다. 이게 꿈인지 생시인지 잘 분간이 되지 않았다. 그래서 결국 그 해 6월 9일 선한목자교회 주일 말씀을 1부에서

4부까지 '하나님의 마음에 합한 사람'이라는 제목으로 전하게 되었다. 설교 후에는 꿈에서 보았던 비슷한 장면들이 펼쳐졌다. 그리고 나중에 알았다. 내가 꿈에서 본 것은 2019년 6월의 상황을 보여주신 것이 아니라, 2021년 11월 14일, 첫 부임 설교의 상황을 미리 보여주신 것이었다. 그때 첫 부임 설교 후여서 많은 분들이 앞에 나와 인사해주셨다. 바로 그 때 알았다.

"그 때 그 꿈은 하나님께서 내가 한국으로 돌아오게 될 것을 보여주신 것이구나."

나중에 알게 된 사실이지만, 6월 9일의 설교가 후임 담임목사로 나를 청빙하는 데 가장 큰 영향을 준 설교였다고 한다. 청빙위원회가 단지 한 편의 설교로만 결정하지는 않으셨을 것이다. 하지만 그 설교 안에 지난 10년간 주님이 우리 가정에 행하셨던 일들이 담겨 있었기 때문에 많은 분들이 그 이야기를 통해 하나님의 섭리적인 역사를 간접적으로 경험하셨던 것이 아닌가 한다.

하나님께서 야곱에게 꿈을 통해 나타나시고, 요셉에게 꿈에 천사를 보내셔서 앞으로 갈 길을 인도하신 것처럼, 주님은 내게도 꿈을 통해 미리 앞길을 보여주셨다. 그러나 그 길이 결코 쉬운 길이 아니기에 결정하기까지 쉽지 않았다.

자기포기와 섭리。

이에 예수께서 제자들에게 이르시되 누구든지 나를 따라오려거든 자기를
부인하고 자기 십자가를 지고 나를 따를 것이니라 누구든지 제 목숨을
구원하고자 하면 잃을 것이요 누구든지 나를 위하여 제 목숨을 잃으면
찾으리라 마 16:24-25

   2020년 초, 코로나19가 터지고 팬데믹으로 확산되었다. 내가
있던 캔자스시티도 약 3개월간 'Stay at Home'이라고 해서 집에
머물고 나오지 못하도록 도시를 봉쇄하다시피 했다. 담임자로
서 나는 자연스럽게 교회가 걱정되기 시작했다. 몇 주 이러다가
끝나겠거니 했는데, 몇주가 한 달, 두 달, 세 달이 되자 보통 심
각한 상황이 아니라는 것을 깨달았다. 모든 사역을 온라인으로
전환하고 줌 새벽기도회를 통해 성도들이 기도의 끈을 놓지 않도
록 했다. 주일과 금요성령집회도 온라인예배로 전환하였고 이제
는 가정이 교회임을 강조하고 모든 성도들이 각 가정에서 진실된

예배자로 설 것을 격려해드렸다.

위기 상황에서 믿음으로 반응하는 동역자들

아내와 나는 고령의 성도님들에 대한 걱정이 앞서기 시작했다. 우리가 무엇을 할 수 있을까? 그때 생각한 것이 '문고리 심방'이었다. 음식을 준비하여 문고리에 걸어드리고, 그곳에서 기도하고, 먼발치에서 인사하는 사역이었다. 그렇게 한 가정, 한 가정을 순회하다보니 우리가 정말 한 가족임을 느끼게 되었다. 더 감동적이었던 것은 팬데믹 상황에서 교회를 염려하는 성도들이 많았다는 것이다.

"목사님, 괜찮으세요? 교회는 어떤가요? 재정은 괜찮은가요?"

이렇게 교회를 사랑하고 헌신하는 분들이 계셨기에 지금까지 교회가 존재할 수 있었다. 어린이부 전도사님도 각 가정의 아이들을 위해 차로 심방을 다니며 기도 카드와 선물을 전달해주었다. 팬데믹도 우리를 멈출 수 없었다. 우리는 법적으로 허용되는 범위 안에서 성도들이 이 위기에서도 주님을 온전히 주목하고 의지하도록 도왔다.

문제는 교회의 재정이었다. 내가 2013년 교회에 부임한 이후로 교회의 재정은 안정적이었던 적이 별로 없었다. 더욱이 코로나 팬데믹으로 성도들이 교회에 나오지 못하게 되자 교회의 헌금도 비례하여 줄기 시작했다. 어느 주일에 재정 보고를 보니 두 달 연속 거의 절반으로 헌금이 줄어든 상태였다. 재정부의 어떤 집사님은 전 교역자와 간사의 사례비를 10-15퍼센트 이상 삭감해야 할 수도 있겠다는 제안을 하셨다. 그 당시 한인 교회들이 거의 다 힘들었다. 담임자로서 뭔가 대책을 세워야 할 상황이 된 것이다. 며칠 후에 나는 전 사역자들의 사례비 조정을 담당하시는 위원장님께 전화를 드렸다.

"아무래도 교회 재정이 쉽지 않아 보입니다. 그러나 생계가 달린 문제이니 다른 부교역자와 간사님들 사례비는 모두 유지해주시기 바랍니다. 제 사례비가 가장 크니까 거기서 30퍼센트 이상 삭감해주십시오. 필요하다면 차량도 팔겠습니다."

실제로 그렇게 하지 않으면 하반기 교회 재정이 쉽지 않아 보였기 때문이다. 그러나 위원장님은 이렇게 말씀하셨다.

"목사님, 걱정 마세요. 모든 사역자들의 사례비를 줄이지 않겠습니다. 하나님께서 지켜주시리라 믿습니다."

그 말씀을 듣고 얼마나 감사했는지 모른다. 위기 상황에서 믿음으로 반응해주시는 분들이 계셨기에 참으로 든든했다. 며칠 뒤 재정 부장님을 비롯한 몇몇 분들이 사택으로 찾아오셨다. 쌀과 음식과 애들 과자까지 잔뜩 사가지고 오셨다.

"목사님, 교회는 걱정하지 마시라고 저희가 위로 심방을 왔습니다."

재정 부장님도 말씀하셨다.

"목사님, 걱정하지 마세요. 하나님이 다 책임져주실 거예요. 쉬라면 쉬면 되지요. 이제부터 우리는 놀 거예요."

아니 무슨 믿음이 이리 좋으신가? 믿음이 아니라 잘못된 과신 아닌가? 담임목사가 교회 걱정할까봐 걱정하지 말라고 심방을 와주는 교회가 어디에 있겠는가?

"주님, 저는 행복한 목사입니다. 오히려 제 믿음이 문제입니다."

구제헌금도 선교비도 줄이지 않았다

그로부터 얼마 지나지 않아 교회는 중요한 믿음의 결정 두 가지를 해야 했다. 국내선교와 해외선교에 대한 부분이었다. 당시 연합감리교회 한인총회에서 공문이 왔다. 미 전역 한인연합감리교회 중 코로나로 월세를 내지 못하는 위기에 처한 교회들이 늘고 있다는 것이었다. 그래서 형편이 되는 교회들에 재정 도움을 요청한 것이다. 사실 우리 교회도 넉넉한 형편은 아니었다. 그러나 다행히 내야 할 월세도, 건축 부채도 없었다. 그러니 그들보다는 훨씬 나은 형편이었다.

어떻게 해야 할까? 그때 사도행전 11장 천하에 큰 흉년이 들었을 때 제자들이 어떻게 했는지 생각이 났다.

28 그 중에 아가보라 하는 한 사람이 일어나 성령으로 말하되 천하에 큰 흉년이 들리라 하더니 글라우디오 때에 그렇게 되니라 29 제자들이 각각 그 힘대로 유대에 사는 형제들에게 부조를 보내기로 작정하고 30 이를 실행하여 바나바와 사울의 손으로 장로들에게 보내니라 행 11:28-30

"그래, 이것이 교회지. 더 어려운 형편에 있는 형제 교회들을 돕는 것이 주님이 기뻐하시는 일이지."

그래서 기도한 결과 1차, 2차에 걸쳐서 구제헌금을 보내기로 했다. 그뿐 아니라 캔자스시티 지역 교회 중에서 온라인 예배 전환을 하고 싶지만 하지 못하는 교회들을 찾아가 무료로 예배 세팅을 섬겨드렸다. 이때 미디어팀에서 정말 수고가 많았다. 그들의 무료 봉사로 어려운 교회들이 일어설 수 있었다. 이뿐이 아니었다. 인도와 아이티 해외선교비도 줄이지 않고 그대로 지출하기로 했다. 되돌아보면 하나님께서 그 일을 참 귀히 여기셨던 것같다.

코로나가 터졌던 2020년 12월, 재정 부장님으로부터 결산보고를 받았다. 수입 결산이 100퍼센트가 넘었다. 어떻게 이럴 수가? 오병이어 기적과 같은 일이 일어난 것이다. 분명히 수입은 줄었다. 그러나 해외선교 헌금은 전혀 줄이지 않았으며, 팬데믹으로 더 어려운 개척교회도 도왔다. 그럼에도 불구하고 하나님께서 생각지 못한 여러 방법을 통해 우리의 필요를 다 채워주신 것이다. 하나님께서 감동을 주셔서 자신의 오병이어를 내어드린 분들이 계셨음을 알게 되었다. 바로 그 분들의 믿음의 역사와 사랑의 수고, 즉각적인 순종 때문에 많은 교회들과 선교지가 살아날 수 있었다. 놀라운 하나님의 손길과 섭리가 아닐 수 없다.

하나님의 예비하심을 경험하는 자기포기

코로나19 당시 한국도 그랬겠지만, 미국도 소상공인들의 피해가 이만저만이 아니었다. 파산하는 가게들이 속출하였다. 특히 요식업을 하는 분들의 피해가 많았다. 샌드위치 레스토랑을 운영하시던 권사님은 코로나로 인해 몇 개월 동안 아예 가게 문을 닫아야만 했다. 몇 개월 뒤 다시 가게를 오픈했지만 손님들은 이미 많이 끊긴 뒤였다. 수입은 1/5 수준으로 줄어들었다.

그때 주인 부부 외에 남미 출신의 여자 주방장이 있었는데, 사실 당시 형편으로는 주방장을 채용할 만한 여유가 없었다. 코로나로 그녀마저 해고해야만 하는 상황이 된 것이다. 그러나 그녀가 일을 하지 못하면 그녀에게 딸린 많은 식구들이 다 굶을 수밖에 없었다. 왜냐하면 그녀가 그 가정의 가장이었기 때문이다.

가게 주인인 권사님이 아무리 계산을 해봐도 계산으로는 해고가 맞다. 그러나 기도를 해보면 그 주방장을 그냥 두라는 마음이 들었다는 것이다. 이때 주님이 권사님께 두 가지 마음을 주셨다고 한다.

첫째, 재정은 하나님으로부터 온다.
둘째, 하나님은 그 가정을 먹여 살리기 원하신다.

결국 이분은 주방장을 해고하지 않기로 했다. 세상적으로는 정말 바보 같은 결정이다. 그러나 더 중요한 것은 그것이 주님의 마음이었으며 그렇기 때문에 그 마음에 순종했다는 점이다. 나는 그 이야기를 듣고 가게로 심방을 갔다.

"권사님, 집사님, 참 잘하셨습니다. 하나님이 기뻐하시는 결정을 하셨습니다. 하나님이 그 마음을 반드시 기억하실 것입니다."

힘들었던 1년을 보내고 난 뒤 손님들이 서서히 돌아오기 시작했다. 결국 그 가정도 살고, 그 주방장 가정도 살고, 그 가게로 인해 교회도 함께 살았다.

주님은 나를 따르려면 자기자신을 부인하고 자기 십자가를 지고 따라오라고 하셨다. 자기부인, 자기포기는 결코 쉽지 않다. 부인과 포기가 아니라 자기긍정, 자기권리를 찾기 원하는 것이 인간의 본성이다. 그러나 자기부인과 포기에는 숨겨진 하나님의 섭리가 있다. 우리가 자기를 부인하고 권리를 포기할 때, 하나님의 예비하심이 있기 때문이다.

사실 예수님은 우리에게 거창하거나 위대한 행동을 요구하시지 않는다. 그분이 원하시는 것은 그저 자기포기와 우리의 사랑이다. 우리가 주님을 사랑한다면 주님을 신뢰할 것이고, 기꺼이 우리의 움켜쥔 손을 펴서 주님께 내밀 것이다. 자기포기는 손해가 아니라 주님이 우리의 손을 잡으실 수 있도록 내어드리는 것이다. 하나님의 섭리는 보이지 않는 하나님의 손이므로, 자기포기는 주님의 섭리를 경험하는 길이다.

내가 주 안에, 주가 내 안에.

내 안에 거하라 나도 너희 안에 거하리라 가지가 포도나무에 붙어 있지
아니하면 스스로 열매를 맺을 수 없음 같이 너희도 내 안에 있지 아니하
면 그러하리라 요 15:4

중앙교회에 한 남자 성도님이 계셨다. 이분은 이민 교회 특성
상 외로움 때문에, 사람들을 만나기 위해 교회에 나오셨지 믿음
은 별로 없던 분이셨다. 얼마나 술과 담배를 좋아하는지 항상
코가 빨개서 루돌프 사슴코라는 별명도 있었다. 예전에 술 가게
도 운영하셨고, 늘 술로 충만한 분이셨다.

아내는 그런 남편이 안타까운 나머지 이런 기도를 하셨다고
한다.

"주님, 망하게 해서라도 남편이 주님께 돌아오게 해주세요…."

기도에 능력이 있고 예수 이름에는 권세가 있다. 결국 아내의
말대로 정말 망했다. 그런다고 이 남편이 변했을까? 아니다. 사

람은 고난을 당해서 겸손해지기도 하지만, 마음이 더욱 굳어지고 강퍅해지기도 한다. 남편은 여전히 교회에 나온다. 하지만 여전히 교회에 열심인 아내를 핍박했다.

제자 삼는 제자가 되다

그러다가 이분이 2015년에 중앙교회에 나오고, 얼마 있다가 교회 성가대에 서게 되셨다. 당시 이민 사회에서 그를 오랫동안 알던 분들에게 이것은 놀랄 뉴스였다. 그런데 이분이 성가대에 서게 된 데는 속사정이 있었다. 아내와 예배를 드리는데, 예배 때마다 아내가 옆에서 "아멘, 아멘" 하며 계속 우는 것이 창피하고 꼴 보기 싫어서 성가대석에 앉게 된 것이다. 물론 노래를 좋아한 이유도 있었을 것이다.

이분은 사업 실패를 딛고 몇 년 전 다시 레스토랑을 시작했다. 정말 하나님의 기적적인 도움으로 사업이 번창하여 물질적인 복도 받으셨다. 그러다보니 한편으로 '어? 아내의 그 하나님이 진짜 살아 계시긴 하나보네?' 싶은 마음도 들었다고 한다. 그러나 몇 년 후 코로나가 확산되었고, 그 식당이 위치한 다운타운 내 빌딩의 직장인들이 재택근무를 하게 되니까 가게도 문을 닫게 되었다. 1년 후 다시 문을 열었지만 영업이 될 리 없었다. 그러자 아내가 남편에게 어차피 일도 못하는데 금요일에 금요성령집회에 가서 함께 기도하자고 조른 것이다.

그런데 정말 놀라운 일이 벌어졌다. 남편이 터무니없어 보이는 아내의 말에 한 번 순종하여 금요성령집회에 나온 것이다. 나 역시 아직도 그 날이 생생히 기억난다. 더 놀라운 것은 한번이 아니라 거의 매주 나오셨다. 2020년 가을부터 '제자를 삼는 제자훈련' 과정이 개설되어 12명을 모집했는데 11명이 지원했다. 그런데 놀랍게도 집사님의 남편이 마지막 남은 한 자리에 지원하셨고 매주 수요일 저녁, 9개월의 과정을 단 한 번의 결석 없이 개근을 하셨다. 대체 무슨 변화가 있었는가?

이 과정을 수료할 때 그는 이렇게 간증했다.

저는 작년 가을, 12명을 모집할 때 1명이 모자란다는 말을 듣고 순간 '아 그 한 명이 바로 나구나. 주님이 나를 부르시는구나'라고 믿어졌습니다. 저는 사실 지난 40년간 그저 질질 끌려다니는 신앙생활을 했습니다. 그런데 코로나19가 터지면서 가게 문을 닫았는데 그 때부터 놀랍게도 술이 싫어지고 술이 겁나고 이제는 술 생각만 하면 머리가 아프고 토하고 싶어졌습니다. 과거에 사업이 크게 망하고 고난의 시간들을 보냈습니다. 그러나 돌아보니 누군가 나를 위해 항상 돌봐주고 기도해준 분들이 있었음이 생각납니다. 그리고 이제는 정말 예수님을 알았으니 그분을 따라가며 제자를 삼는 제자로서 겸손과 소박함, 사랑과 긍휼을 베푸는 하나님의 자녀로 살고자 합니다.

　40년간 광야를 떠돌았던 이스라엘 백성들처럼 바로 이 집사님
이 방황한 이스라엘이었다. 그러나 주님은 사업을 망하게 하시
고, 코로나19, 제자훈련 과정, 이 모든 일련의 사건과 환경들을
섭리하셔서 잃어버린 아들을 돌아오게 하셨다. 사업의 흥망은
주님의 손에 달려 있다. 사람이 죽고 사는 것도 주님의 손에 달려
있으며, 영혼이 죽었다가 사는 것도 주님의 은혜 없이는 불가능
한 일이다. 이제 술을 주님으로 삼았던 시절을 지나갔다. 그분의
고백은 이렇게 바뀌었다.

　내가 주(酒) 안에, 주(酒)가 내 안에
　내가 주(主) 안에, 주(主)가 내 안에

저 하나님께 삐졌어요.

예수께서 나다나엘이 자기에게 오는 것을 보시고 그를 가리켜 이르시되
보라 이는 참으로 이스라엘 사람이라 그 속에 간사한 것이 없도다 요 1:47

중앙교회에는 귀한 분들이 참 많이 계셨는데, 한동안 하나님
께 삐져 있었던 분이 생각난다. 그는 나이가 들었는데 아직 결혼
하지 못한 남자 청년이었다. 사실 그 분의 아버지는 한 시골 교
회의 장로셨고, 지난 십수 년간 새벽에 교회 종을 치며 참으로 신
실하게 교회를 섬기던 분이셨다. 어머니 권사님 역시 믿음이 참
좋은 분이셨다. 그러나 그 청년은 교회에 성실히 다니고 하나님
에 대해서 많이 알았지만 아직까지 주님을 만났다고는 할 수 없
었다.

그렇다고 예배의 자리에 함부로 빠지지는 않았다. 이것이 모
태신앙의 강점이다. 그는 어릴 때부터 성가대원이었다. 그러나
놀랍게도 설교 시간만 되면 하나님의 큰 사랑을 누렸다. 왜냐하

면 주께서 사랑하는 그에게 늘 '잠'을 주시기 때문이다. 나도 말씀을 전하며 힐끗힐끗 그 청년을 볼 때가 있는데, 말씀에 고개를 끄덕이는 것처럼 보일 때가 있지만 실은 졸고 있는 것이다.

나다나엘 집사의 깨달음

그러던 어느 날 그가 나와 아내에게 찾아와 이런 투정을 했다.

"목사님, 사모님, 저 사실 하나님께 참 많이 실망했습니다. 심지어 화가 날 정도예요. 제가 정말 오랫동안 배우자를 놓고 기도했는데, 아무리 간절히 기도해도 응답이 안 됩니다. 이제 제 나이가 마흔이 다 되어가요. 저 하나님께 삐졌어요."

기도 응답이 안 되니 조급해지고, 하나님이 계신 것 같긴 한데 자신의 기도는 들어주시지 않으니 너무 서운하고 실망이 된다는 것이다. 그래서 이제는 예배도 나오지 않을까 한다는 것이다. 이분은 표현이 직설적이다. 숨김이 없다. 간사하지 않다. 좋으면 좋고 싫으면 싫다고 한다. 맞으면 맞고 아니면 아닌 것이다. 그러나 떠날 분은 그냥 말없이 떠난다. 그가 나에게 와서 이런 말을 한다는 것은 무슨 뜻인가? 그 안에 갈망이 있다는 뜻이다.

"저도 주님 만나고 싶어요! 저도 기도 응답 받고 싶어요! 주님이 예비하신 짝을 만나고 싶어요!"

나는 이렇게 격려해주었다.

"반드시 주님이 예비하신 자매가 있을 겁니다."

그리고 그 청년을 위해 기도해주었다.

"주님, 이 귀한 아들을 친히 만나주십시오. 기도에 응답해주옵소서. 그러나 기도 응답보다 살아계신 주님을 먼저 알게 해주십시오."

2018년 초 나는 솔로몬 시리즈 설교를 전하고 있었다. 기도하며 준비한 도전적인 설교라고 생각했는데, 그 청년은 그 날도 역시 주님의 깊은 사랑을 누리고 있었다. 그렇게 이번 시리즈도 지나가나보다 했다. 그런데 그 날 예배를 마친 후 그가 나를 찾아왔다. 그러더니 자신에게 깊은 깨달음이 있었다는 것이다.

"제가 졸다가 갑자기 깼는데 그때 '이와 같이, 솔로몬의 마음이 주 이스라엘의 하나님을 떠났으므로'(왕상 11:9, 새번역) 이 말씀이 제게 들렸어요. 주님이 저를 떠난 것이 아니라 제 마음이 주님을 떠난 것임을 깨달았습니다. 이런저런 유혹과 미혹으로 제 마음이 주님을 떠난 것이었습니다."

놀라운 깨달음이요 은혜였다. 이것이 정말 주님이 주신 은혜라면 변화가 있지 않을까 기대가 되었다. 그다음날부터 그는 새벽기도에 나오기 시작했다. 미안하지만, 나는 처음에 몇 번 나오다가 말겠지 생각했다. 그런데 하루도 빠지지 않고 나왔다. 그러니 나도 빠질 수 없었다. 그렇다고 그 청년이 통성기도를 하며 부르짖은 것은 아니다. 새벽 말씀이 끝나면 잠깐 기도하고, 맥체인 성경읽기를 따라 매일 성경을 읽기 시작했다. 그렇게 성경 통독을 하며 약 8개월 정도 지났을 때 평생의 짝을 만나 이듬해 한국에서 결혼을 하게 되었다. 나는 그 커플의 주례를 위해 2019년 6월 한국을 방문하게 되었다. 오랜 기도의 응답이었다.

그 집사님을 볼 때마다 '나다나엘' 생각이 났다. 훗날 바돌로매로도 알려진 그는 "나사렛에서 무슨 선한 것이 날 수 있느냐?" 하고 직설적인 표현을 감추지 않았던 자이다. 그러나 간사한 것이 없고 겉과 속이 같은 사람, 그리하여 무화과나무 아래를 떠나지 않고 묵상하던 사람, 나다나엘이 생각난다. 지금은 아름다운 가정을 이루고 자녀를 낳아 기르고 있으니 얼마나 복된 일인가?

그는 졸다가 깨어 하늘이 열리고 하늘과 땅이 만나는 곳에서 주님의 음성을 들었다. "너의 마음이 나 주를 떠난 것이다." 그때가 하나님이 섭리하신 때이며 그 장소가 야곱이 하나님을 만난 벧엘과 같은 장소였다. 예배드리다가 조는 자에게도 소망이 있다. 주께서 사랑하시니 잠도 복이 된다.

오늘 하루, 일상에 담긴 섭리.

또 사무엘이 이새에게 이르되 네 아들들이 다 여기 있느냐 이새가 이르되 아직 막내가 남았는데 그는 양을 지키나이다 사무엘이 이새에게 이르되 사람을 보내어 그를 데려오라 그가 여기 오기까지는 우리가 식사 자리에 앉지 아니하겠노라 삼상 16:11

다윗의 일상은 양을 지키는 일이었다. 그는 누가 보든지 보지 않든지 아버지의 양을 신실하게 지켜냈다. 어느 날 사무엘이 기름을 부으러 왔지만 다윗은 그 자리에 초대받지 못했다. 하나님은 이새의 아들들 중에 기름 부을 자가 없다고 말씀하셨다. 사무엘은 급히 다른 아들이 있는지 물었고, 이새는 그제서야 양을 치던 다윗을 부른다.

양치는 자리를 떠나지 않은 다윗

그 때 만일 다윗이 양을 치지 않고 자리를 비웠다면 다윗을 찾지 못한 사무엘은 그냥 돌아가지 않았을까? 다윗은 그 날 하나님께서 사무엘을 통해 기름을 부으신다는 사실을 전혀 알지 못했다. 다윗은 사무엘의 방문을 의식하고 양치는 자리를 떠나지 않은 것이 아니다. 그는 그저 지루할 만큼 매일 반복되는 일상에 성실했을 뿐이다.

그런데 매일 반복되는 일상과 사소한 사건 안에 하나님의 뜻이 새겨져 있다. 물론 우리는 그 모든 하나님의 뜻과 그분의 섭리를 다 알지 못한다. 그러나 하나님께서 우리의 삶에 허락하신 모든 일을 사랑으로 받아들일 때, 하나님의 신비한 섭리가 우리의 일상에 이루어진다.

하나님의 섭리라는 보물은 삶의 곳곳에 숨겨져 있다. 사실 언제 어디서나 제공된다. 그것이 고난의 형태든지, 기쁨의 형태든지, 하나님은 모든 것을 합력하여 선으로 이끄시기 때문이다(롬 8:28). 하나님이 부재하시면 모든 것이 의미가 없지만, 하나님이 임재하시면 모든 것에 의미가 있다.

우리 일상이 매 순간이 소중하지만, 바로 그 특정한 순간에 하나님이 원하시는 일을 행하고 순종하는 것보다 더 복된 일은 없다. 다윗에게는 그것이 바로 양을 돌보는 일이었다. 그러므로 우리는 항상 "주님, 무엇을 하리이까?"(행 22:10)라고 물어야 한다.

다윗이 골리앗과 일대일 전투를 벌이던 날도 그러했다. 다윗은 골리앗과의 싸움을 계획하지 않았다. 그 날 다윗에게 주어진 일상은 역시 양을 돌보는 일이었다.

다윗은 사울에게로 왕래하며 베들레헴에서 그의 아버지의 양을 칠 때에 삼상 17:15

그런데 갑자기 아버지 이새가 다윗에게 심부름을 시킨다. 그의 형들을 위해 음식을 전달해주라는 것이었다(삼상 17:17). 아버지의 심부름이야말로 지극히 평범한 일상이 아닌가? 그러나 이 사소한 일상이 위대한 승리의 시작이었다. 그렇다고 다윗이 그 사소함 속에 담긴 하나님의 섭리를 미리 깨닫지는 못한 것 같다. 다윗에게 중요한 것은 과거도 아니고, 미래도 아니며, 바로 현재 오늘 이 순간에 내가 순종해야 할 것이 무엇인가 하는 바로 그것이었다.

다윗은 지체하지 않고 아침 일찍 아버지의 명령을 준행하기 위해 떠난다. 지극히 작은 일상 속에 담긴 하나님의 뜻을 우리가 받아들이기만 한다면, 우리 안에 하나님의 거룩하신 뜻이 성취된다. 그러므로 우리 편에서 해야 할 일은 오직 거룩하신 하나님의 섭리하심이 우리 삶에 일어나도록 순종하는 것이다.

이것은 사실 매우 단순한 삶이다. 미래를 헤아려보고 계산해

보는 복잡한 삶이 아니다. 바로 오늘 이 순간 일상에 담긴 그분의 섭리를 따르지 않고 거부하는 것만큼 미련한 일은 없다. 다윗처럼 하나님을 신뢰함으로써 단순하게 믿고 단순하게 따르라.

하나님의 사명이 있는 그 곳, 그 시간

미국에서 목회할 때 이런저런 이야기들이 들려왔다.

"목회를 제대로 하려면 더 큰 도시에 가서 해야 한다."

"더 많은 이들이 복음을 들을 수 있는 곳으로 가야 한다."

일리가 있는 말이다. 왜냐하면 사도 바울 역시 비시디아 안디옥, 빌립보, 아덴, 고린도와 같은 도시 중심으로 선교를 했기 때문이다. 그러므로 하나님의 뜻이 있다면, 작은 도시나 시골에 있을 수도 있고, 더 큰 도시나 더 많은 사람들이 있는 곳에 있을 수도 있다. 문제는 무엇 때문에 그곳에 가는지에 대한 동기요 목적이다. 또한 자신이 인생의 주인인 것처럼 어떤 방향을 미리 정해 놓고 추구하는 것이 문제다.

이민 교회를 섬기면서 분명한 확신이 있었다. 바로 내가 있는 그 곳과 그 시간(time and place)은 하나님이 오늘 나에게 선물로 주신 '하나님의 시간'이라는 확신이다. 하나님이 나를 그 곳에 두신 목적이 있었다. 주님이 맡겨주신 양들을 돌보고, 오직 하나님의 영광만을 구하는 자로 훈련시키시는 것이다.

2021년 3월 말, 나는 예수동행일기에 이렇게 썼다.

오늘 아내와 나는 한국에서 목회의 어려움을 겪고 미국에 와서 목회 자리를 알아보는 한 목사님 가정을 만났다. 거의 3시간가량, 하나님은 그 분들의 이야기를 듣게 하시면서 무엇이 필요한지와 기도 제목들을 알게 하셨다. 그날 저녁 6시에는 한국에 결혼하러 갔다가 결혼이 성사되지 못한 채 여러 아픔을 안고 돌아온 한 청년과 만났다. "괜찮아요"라고는 하지만, 얼마나 마음이 아팠을까? 주님의 마음으로 위로하고 돌아왔다.

　이 모든 만남과 심방이 들에 있는 상처 입거나 외로운 양들을 돌보는 일이다. 집으로 돌아오는데 갑자기 베들레헴 들판에 홀로 있던 다윗이 생각났다. 사무엘이 그의 집에 왔을 때 다윗은 초대받지 못하고 잊혀진 채 들판에 홀로 있었다. 다윗의 시선은 양떼에게 있었다. 양을 돌보는 것이 그의 역할이었고 그때 그에게 주어진 사명이었기 때문이다. 그는 양떼를 위해 자신의 시간을 다 드렸다.

　그리고 오늘 주님이 나에게 물으신다.

　"아무도 주목하지 않는 이 들판에서 정말 상처받고 힘든 내 양떼들을 사랑하고 돌보며 그렇게 살 수 있겠니?"

　"네, 주님. 어디든지 주님이 부르신 곳에서 제 시간과 인생을 사용해주세요."

하나님의 섭리를 따라 사는 훈련

2010년부터 2021년까지 나의 미국생활을 비유하자면, 하나님이 나를 김장 배추 절이듯이 다루신 기간이었다. 하나님이 나를 쓰시고자 할 때 마음껏 쓰실 수 있게 완전히 힘을 빼는 시간이었다. 그리하여 오늘이라는 일상 안에 담긴 하나님의 섭리를 따라 그분의 인도를 따라 살도록 훈련시켜주셨다.

나는 아직도 미숙하고 아둔하다. 여전히 사소한 일상에 담긴 그분의 손길을 알아차리지 못할 때가 너무 많다. 하나님께서 예기치 않게 주시는 명령에 즉각 순종하지 못할 때가 여전히 많다. 그러나 나는 캔자스라는 광야와 같은 시간을 통해 예전과는 비교할 수 없을 정도로 하나님의 섭리적 손길을 알아차릴 수 있게 되었다. 지극히 작은 자를 통해 역사하시는 주님, 십자가의 길로 인도하시는 주님의 손길을 좀 더 민감하게 느끼게 된 것이다.

사람들에게는 각기 정해진 길이 있다. 베드로의 길, 요한의 길, 바울의 길이 달랐던 것처럼, 그리스도인들의 길도 각기 다르다. 그러나 본질적으로는 한 길이다. 좁은 길, 십자가의 길, 순종의 길, 사랑의 길이다. 주님이 걸어가신 길이요, 주님과 함께하는 길이며, 주님을 향해 가는 길이기에 기쁜 길이요, 복된 길이다. 그 길을 주님과 함께 걷는다면, 그곳이 어디든 괜찮다. 어디에 있느냐도 중요하지만, 누구와 함께 있느냐, 어디로 향하고 있느냐가 훨씬 더 중요하기 때문이다.

p r o v i d e n c e

4부

하나님과
함께하는
비범한 여정

청빙위원회 전화가 걸려오다.

또 그의 종 다윗을 택하시되 양의 우리에서 취하시며 젖 양을 지키는 중에서 그를 이끌어 내사 그의 백성인 야곱, 그의 소유인 이스라엘을 기르게 하셨더니 시 78:70-71

2021년 5월 2일 주일 새벽, 카톡 전화가 걸려 왔다.

"김다위 목사님이시죠? 선한목자교회 OOO 장로입니다."

"네 장로님!"

"청빙위원회에서 목사님을 후임 담임목사 1순위로 만장일치로 결의하였고, 기획위원회에서도 만장일치로 통과되었습니다. 목사님께서 꼭 담임으로 와주시면 좋겠습니다. 안 된다고 말씀하지 말아주세요. 만일 안 간다고 하시면 저희가 미국으로 찾아가겠습니다."

믿을 수 없는 일이 벌어졌다. 다른 교회로 가겠다고 지원서를 넣은 적도, 보내달라고 한 적도 없는데 이것이 대체 무슨 일인가?

"네, 장로님, 믿을 수 없는 말씀인데, 지금 답하기가 어려울 것 같습니다. 제게 일주일간 기도할 시간을 주시면 좋겠습니다."

결국 돌아오는 토요일에 줌 미팅을 하고 수락 여부 답변을 드리기로 했다.

일주일간 기도하는 시간을 가지면서 다른 조건들은 다 빼고 오직 이것만 물었다.

"주님의 뜻이 무엇인가요? 이것이 정말 주님의 뜻인가요?"

기도하는 가운데 주님이 생각나게 하신 말씀들이 몇 가지 있었다.

작은 일에 신실한지, 사소한 일에 충성하는지 보시는 하나님

첫째, 내가 신학교에 입학한 98년 이후로 내가 늘 가슴에 새겼던 시편 78편 70-72절 말씀이다.

70 또 그의 종 다윗을 택하시되 양의 우리에서 취하시며 71 젖 양을 지키는 중에서 그를 이끌어 내사 그의 백성인 야곱, 그의 소유인 이스라엘을 기르게 하셨더니 72 이에 그가 그들을 자기 마음의 완전함으로 기르고 그의 손의 능숙함으로 그들을 지도하였도다

시 78:70-72

하나님은 다윗을 택하셨다. 그때 다윗은 젖 양(암양)을 지키는 목동이었다. 다윗은 아버지의 양들을 자신의 목숨처럼 지키고 사랑했다. 사자나 곰이 와서 양을 물어가면 목숨이 위태로울지라도 쫓아가서 건져내곤 하였다. 하나님은 그러한 다윗의 모습에서 '왕'의 모습을 보았다(삼상 16:1). 그리고 때가 되었을 때 하나님은 양의 우리에서 다윗을 취하여 이스라엘을 기르는 목자로 삼으셨다.

다윗은 양을 돌볼 때나 백성들을 돌볼 때나 변하지 않았다. 그는 자기 마음의 완전함, 즉 한결같은 마음(새번역, integrity of heart, NIV)으로 그들을 길렀고 능숙한 손으로 지도하며 리더십을 발휘하였다. 예수님은 지극히 작은 일에 충성한 자에게 더 많은 것을 맡긴다고 하셨다(눅 19:17). 지극히 작은 것에 충성된 자는 큰 것에도 충성하지만, 지극히 작은 것에 불의한 자는 큰 것에도 불의할 것이라고 하셨다(눅 16:10).

이것은 나에게 중요한 목회철학이 되었다. 하나님의 섭리는 큰 것에만 있지 않았다. 오히려 지극히 작은 일, 사소한 일에 그분의 뜻이 담겨 있다. 하나님은 누군가가 이 작은 일에 신실한지, 충성하는지를 지켜보신다. 물론 우리는 이 시험에 자주 실패하곤 한다. 나 역시도 얼마나 자주 속고 넘어지고 실패하는지 모른다. 그러나 그 때마다 이 말씀들을 떠올리곤 한다.

하나님의 신비한 섭리는 일상의 하찮고 무가치하게 여겨지는 것 안에 담겨 있음을 알아야 한다. 사실 우리의 삶은 무수히 작고 하찮게 보이는 사건들과 행동들로 이루어져 있다. 그러나 그 지극히 작은 일과 만남 속에 하나님의 섭리가 감추어져 있다. 그러므로 우리가 보기에 커 보여도 하나님이 보시기에 작을 수 있으며, 우리가 보기에 작아 보여도 하나님이 보시기에 작지 않다. 그렇기 때문에 우리가 누구를 만나든지 누구를 대하든지 모든 일을 사랑으로 행해야 한다.

나는 늘 이 말씀을 되새기며 이민 교회를 섬기고자 했다. 하지만 인간의 본성이란 사소한 일, 무명한 자, 작은 자를 경히 여기는 경향이 있다. 그래서 그 안에 숨겨진 하나님의 섭리를 발견하지 못한 채 지나치고 만다. 나 역시 그런 실수를 많이 저질렀고 지금도 마찬가지다. 그러나 이 말씀들이 내게 인생의 닻이 되어주었다. 방향을 잃고 흔들릴 때, 무엇이 본질이고 소중한지를 깨닫게 해주었다.

나는 이 말씀에 비추어 하나님께서 삶의 자리를 옮기신다는 것을 깨달았다. 다윗을 양의 우리에서 옮겨 이스라엘 백성들을 섬기게 하셨듯이, 이제 캔자스에서 다시 성남과 한국의 잃어버린 주의 양들을 섬기라고 나를 옮기려 하심을 느낄 수 있었다. '잘 감당할 수 있을까?' 두려움도 밀려왔다. 그러나 어차피 모든 것은 주님께서 하시는 일이다. 나는 그저 믿고 순종하며 사랑만 하면 된다. 기도하며 이렇게 묵상이 되고 나니 결정하기까지 오랜 시간이 걸리지 않았다.

하나님의 말씀과 계획 가운데 이루어진 일

둘째, 5월 1일 토요일에 묵상하던 본문이 시편 33편 9-12절이었다.

9 그가 말씀하시매 이루어졌으며 명령하시매 견고히 섰도다 10 여호와께서 나라들의 계획을 폐하시며 민족들의 사상을 무효하게 하시도다 11 여호와의 계획은 영원히 서고 그의 생각은 대대에 이르리로다 12 여호와를 자기 하나님으로 삼은 나라 곧 하나님의 기업으로 선택된 백성은 복이 있도다 시 33:9-12

나는 이 말씀으로 이 모든 것이 하나님의 말씀으로 이루어진 것임을 믿게 되었다. 사람들의 계획이 아니라 여호와의 계획이며, 하나님의 기업으로 선택된 백성은 복이 있다고 약속하셨다. 이 말씀을 통해 모든 것이 하나님의 계획 가운데 선택된 것이며, 내가 구할 것은 오직 순종뿐이라는 마음이 들었다. 누가 주님의 모략을 당할 수 있으랴?

결국 일주일의 기도 시간을 가진 후 돌아온 토요일에 청빙위원회와 줌 미팅을 하면서 청빙을 수락하였다. 이 모든 것이 하나님의 계획 가운데 이루어진 섭리임을 믿기에 그저 하나님을 나의 하나님으로 삼고 주님만 신뢰하며 한 걸음씩 주님과 나아가려 한다.

2021년 새해, 아버지의 꿈。

주 여호와여 주께서 이것을 오히려 적게 여기시고 또 종의 집에 있을 먼 장
래의 일까지도 말씀하셨나이다 주 여호와여 이것이 사람의 법이니이다

삼하 7:19

다사다난했던 2020년이 지나고 2021년 1월 1일 새해가 되어 한국에 계신 부모님께 새해 인사를 드렸다. 그때 아버지께서 그날 새벽에 꾼 꿈 이야기를 해주셨다.

아버지는 평생 교편을 잡고 장래 목회자들을 가르치셨다. 그리고 2008년에 은퇴하시고 이후 4년간 인도네시아에 계시면서 현지인 후학 양성에 힘을 쏟으셨다.

아버지가 꾼 꿈에 유기성 목사님이 나타나셨다.

"총장님, 제가 지금까지 전반부 열두 과목을 가르쳤으니 후반부 열두 과목은 이제 총장님께서 이어 맡아주셨으면 좋겠습니다."

"제가요?"

그러면서 아버지께서 열두 과목을 이어받는 꿈이 전부였다.

아버지께서 신년에 이 말씀을 내게 해주시면서 참 신기한 꿈이라고 하셨다. 과연 열두 과목의 의미는 무엇일까? 왜 유기성 목사님이 아버지에게 과목을 넘겨주실까? 유 목사님께서 은퇴를 앞둔 시점이기에 열두 과목을 넘긴다는 것은 분명 누군가에게 자신의 직임을 맡긴다는 것인데 왜 아버지에게 맡기시는가?

2021년, 2022년이 지나도록 그 꿈의 의미를 제대로 알지 못한 채 2년이 지났다. 그리고 2023년 4월 16일 주일 오후 5시 30분, 선한목자교회 담임목사 이취임식 감사예배가 있었다. 그 때 지난 수개월간 이취임식 준비팀은 이 날의 예배를 위해 여러 가지 아이디어를 내어 오직 하나님께 영광이 되며 기쁨이 되는 예배를 어떻게 하면 드릴 수 있을까 고민하였다.

그중에 하나가 승계식이었는데, 팀에서 낸 아이디어는 당시 진행되고 있던 여호수아 시리즈에 나왔던 길갈의 돌을 상징화하자는 것이었다. 즉, 교회 전체 부서를 열두 개의 돌로 상징화하여 그 길갈의 돌들을 담임목사가 후임자에게 전달하는 세리머니(ceremony)를 고안해낸 것이다.

유기성 목사님께서 나에게 각 부서를 상징하는 열두 개의 돌을 전달해주셨다. 그 날 현장에 참석하신 아버지께서 그 장면을 보시더니, 순간 2년 전 그 꿈이 생각나셨다고 한다.

"아, 그 꿈이 바로 이것이었구나….."

유기성 목사님이 넘겨주신 열두 개 과목은 바로 선한목자교회 열두 개 부서를 상징하는 것이었고, 아버지가 받는다는 것은 아버지의 유산을 물려받은 내가 유기성 목사님의 뒤를 이어 리더십을 승계한다는 뜻으로 해석이 되었다.

나중에 모든 예배를 마치고 아버지로부터 이 해몽을 들은 후 소름이 돋았다. 이 모든 것이 하나님의 계획과 섭리 가운데 이루어진 일임을 깨닫자 숙연해졌다. 과연 내가 그럴 만한 사람인가? 다시 한번 자격 없는 자에게 주시는 하나님의 은혜임이 깨달아져 더욱 겸손할 수밖에 없었다.

마지막 눈물의 예배.

이 말을 한 후 무릎을 꿇고 그 모든 사람들과 함께 기도하니 다 크게 울며 바울의 목을 안고 입을 맞추고 행 20:36-37

청빙위원회에 청빙 수락을 한 이후, 곧바로 장로님들과 리더십들에게 이 사실을 공유하였다. 어떤 분들은 축하해주셨고, 어떤 분들은 눈물을 흘리셨다. 어떤 분은 교회에 공식적인 공문이나 의사도 묻지 않고 이렇게 하셔도 되느냐며 언짢아하신 분도 있었다. 바로 나다나엘 집사님이다. 그러나 그 분도 결과적으로 이 모든 것이 하나님의 섭리임을 받아들이고 축복해주셨다.

후임자 선정의 예비하심

한 가지 이슈가 남았는데, 과연 누가 캔자스 중앙감리교회의 후임자가 될 것인가 하는 것이었다. 여기에도 하나님의 예비하신 섭리가 있었다. 그 때 이미 함께 동역하던 부목사님이 계셨다. 2020년 코로나가 한창일 때 갑자기 동역하던 전도사님이 미국 교회 담임자로 파송을 받게 되었다. 청년부와 찬양 인도를 섬기던 분이셨기에 교회로서는 당황스러운 일이었다. 게다가 미국 중서부에서는 사역자 구하기가 참으로 어려웠다.

옆친 데 덮친 격으로 당시 코로나19로 거의 모든 비자가 닫혀 있었다. 그래서 새로운 청년 담당 목회자를 위해 온 성도들이 2020년 7월 1일부터 14일까지 금식하며 기도하고 있었다. 그리고 714 기도 금식이 끝난 7월 15일에 잠깐 종교비자가 열렸는데, 그때 종교비자를 받고 그 해 9월 초 캔자스로 오신 분이 송명철 목사님이셨다. 그러니까 그 분은 코로나의 장벽을 기적적으로 뚫고 오신 분이었다. 그 때부터 이미 약 8개월간 함께 사역을 해온 터라 성도들도 이분이 후임 담임자로 가장 적합한 분이라 여기셨다.

한 가지 장벽이 더 남아 있었는데, 문제는 자격이었다. 연합감리교회에서 파송을 받으려면 연합감리교회 신학교를 나오거나, 아니면 적어도 감리교회 교리와 장정, 역사, 세 과목을 수료해야 했고, 또한 영어로 어느 정도 소통이 되어야 했다. 그러나 안타깝게도 목사님은 세 가지 기준에 미치지 못했다. 그래서 나는 후임자를 결정하는 목회협조위원회와 캔자스시티 감리사와의 만남을 통해 이 교회의 아픈 역사와 왜 송 목사님이 후임자가 되어야 하는지 설명했다. 또한 위원으로 참여한 성도들 역시 돌아가며 왜 송 목사님이 후임자로 파송되어야 하는지 이유를 설명하였고, 감리사님께 송 목사님의 파송을 간청하였다.

감리사님은 우리의 이야기를 진지하게 경청해주셨고, 감독님께 긍정적으로 말씀해보겠다고 하셨다. 그리고 며칠 뒤 송 목사님이 중앙교회의 제9대 담임목사로 파송을 받게 되었다. 감사하게도 그 후로 교회가 더욱 건강하게 성장하고 있다는 소식을 듣고 있다. 앞으로도 오직 주님께서 교회를 더욱 성숙하게 하실 것이다. 모든 것이 하나님의 예비하심이요 하나님의 섭리임을 고백한다.

8년의 목회와 파송예배

지난 2013년부터 2021년까지 만 8년의 세월을 돌아보면, 나같이 자격 없는 자를 담임목사로 둔 성도들에게 참으로 죄송한 마음이 크다. 내 자아가 얼마나 강했는지, 사역을 하면서 부딪히지 않았던 성도들이 없었던 것 같다. 그러나 캔자스의 성도들은 그런 나를 기다려주셨고 용서해주셨다. 내가 옳다고 주장했던 일들이 지나고 나서 보니 실패한 일들도 있었다. 그럼에도 불구하고 오래 참고, 인내해주시고, 기도해주시며, 허물을 덮어주시고, 용서해주신 성도님들의 사랑과 자비 덕분에 만 8년의 목회를 은혜 가운데 감당할 수 있었다.

이 교회의 회복은 전적인 하나님의 은혜이며, 보이지 않는 곳에서 신실하게 섬긴 평범한 무명의 성도들 때문이다. 그들은 나의 영웅들이자 하나님나라의 면류관과 상급을 누릴 존귀한 분들이다. 내가 그 분들을 위해 기도하고, 섬기며, 사랑할 수 있는 그들의 목자였다는 것은 내 삶의 잊을 수 없는 영광이었다.

2021년 6월 27일은 캔자스 중앙감리교회에서 드리는 마지막 예배였다. 이임 및 파송예배로서 요한복음 4장 27-39절을 성경 본문으로 "심는 사람과 거두는 사람이 되십시오"라는 제목으로 설교하였다.

거의 8년 전인 2013년 7월 7일에 저는 바로 이곳에서 첫 부임 설교를 했습니다. 그때 본문이 누가복음 10장 1-2절로 "추수할 것은 많되 일꾼이 적다"라는 제목이었습니다. 그 당시에 모인 분들은 소수였습니다. 이미 추수할 일꾼들이 나가고 사라진 상태였기 때문입니다. 그 당시 교회의 상황은 절박했고 분위기는 매우 무거웠습니다. 담임자가 두 번이나 나간 상황은 이 교회와 성도들에게 크나큰 상처가 되고 말았습니다. 저의 인간적인 눈으로 볼 때는 이제 추수할 가능성이 적어 보였고, 일꾼도 없어 보였습니다.

8년이 지나고 이 자리에 섰습니다. 그리고 오늘 말씀을 통해 지난 8년의 시간들을 되돌아보게 되었습니다. 오늘 본문의 배경은 사마리아 지역입니다. 여러분도 아시다시피 사마리아인들과 유대인들은 서로 사이가 좋지 않았습니다. 서로의 말을 듣지 않았습니다. 또한 예배를 어디서 드려야 하는지를 가지고 논쟁이 끊이지 않았습니다. 복음이 척박한 그 지역에 예수님이 오신 것입니다.

예수님이 사마리아를 지나가시다가 피로하셔서 우물에 앉으셨습니다. 제자들은 먹을 것을 사러 동네에 들어갔습니다. 그 사이에 예수님은 우물에서 사마리아 여인을 만납니다. 27절에 보면 돌아온 제자들이 예수님이 그 여인과 대화하는 것을 보고 놀랍니다. 왜냐하면 유대인이 사마리아인, 게다가 여성과 대화를 나누는 일은 극히 드물었기 때문입니다. 나중에 제자들은 더욱더 놀라게 됩니다. 왜냐하면 그 여인이 예수님을 선지자로, 더 나아가서 그분이 그리스도이심을 믿게 되었기 때문입니다. 그리고 동네로 들어가 많은 사마리아인들에게 그리스도를 전하게 됩니다.

그러나 음식을 구하러 동네에 들어간 제자들은 그들에게 복음을 전하지 않았습니다. 그들은 그냥 돌아왔습니다. 왜 그랬을까요? 그들은 수가성 사람들, 즉 사마리아인들이 복음을 받아들일 거라고 믿지 않았기 때문입니다. 설령 그들이 믿더라도 시간이 오래 걸릴 것이라고 보았습니다. 아직 때가 안 되었다고 보았기 때문입니다.

너희는 '넉 달이 더 지나야 추수할 때가 된다'고 말하지 않느냐?

요 4:35 우리말성경

이 넉 달이라는 말은 실제 4개월을 말한다기보다는 추수 때가 되려면 한참 멀었다는 표현입니다. 사실 제자들의 이 말은 "주님, 여기는 안 됩니다"라는 뜻이었습니다. 추수할 때가 오긴 오겠지만, 그러나 여긴 아직 아니라는 뜻이었습니다. 그래서 그들은 동네에 들어가서 양식은 샀지만 복음은 전하지 않았던 것입니다.

여기는 안 된다는 시각이 당시 2013년 중앙교회를 바라보는 바깥 사람들의 시선이었습니다.

제가 이곳에 오게 된 이야기는 대략 아시겠지만 좀 더 자세한 사정이 있었습니다. 2013년 5월 1일부터 아내와 저는 가정에서 특새를 시작했습니다. 그러다가 5월 6일에 한인 감리사님으로부터 전화를 받았습니다. 그리고 다음날 5월 7일에 그분을 만나뵈었습니다. 저에게 제안하시기를 UMC의 한 좋은 미국 교회에 자리가 나왔는데 목회할 마음이 없느냐는 것입니다. 사택도 있고 사례비도 넉넉히 주고 좋은 조건이었습니다.

그 때 중앙교회에 대한 소식도 듣게 되었습니다. 교회가 어려운 상황이었습니다. 그 후로 계속 기도를 했습니다. 그 때 받은 말씀이 사도행전 16장 9절 "와서 우리를 도우라"였습니다. 문제는 어디로 가서 도우라는 말씀은 없었어요. "주님, 어디로 가야 합니까?", "가장 힘든 곳으로 가라." 그 당시에 가장 힘든 곳은 중앙교회였습니다. 그러나 주변 사람들은 다 말렸습니다.

"가면 안 된다. 목회자들의 무덤이다."

그런데 '무덤'이라는 말을 듣자마자 저에게 이런 마음이 들었습니다. '죽어야 사는 것 아닌가? 죽음 그다음에 부활 아닌가? 이 교회가 죽었다면 이제는 부활할 일만 남았구나.' 오히려 주변 분들의 안 된다는 말을 들으며 더욱 주님의 인도하심을 확신할 수 있었습니다. 다시 감리사님과 통화하며 이 마음을 나누었습니다. 그러자 그분도 수긍하셨습니다. 사실 그때 이 교회를 가고자 하는 마음은 복음에 적대적인 사마리아 지역을 가는 듯한 마음이었습니다.

제가 7월 7일 첫 설교 때 몇 분 안 되는 성도님들께 도전을 했습니다. "기도하십시다. 하나님의 일은 기도 없이는 안 됩니다. 기도의 분량을 채우십시다. 하나님의 임재가 있는 예배를 위해 기도하십시다. 예배의 회복을 위해 기도하십시다." 제가 와서 할 수 있는 일은 주님께 매달리는 일밖에 없었습니다. 그런데 놀랍게도 예배에 온 마음을 쏟고 기도하면 할수록 예배가 회복되기 시작했습니다.

사람들이 하나둘 찾아오기 시작했습니다. 저도 교회를 떠난 성도님들을 개별적으로 찾아갔습니다. 두 번, 세 번을 찾아간 가정도 있습니다. 그렇게 해서 그 해 말에 약 50여 명이 함께 예배를 드릴 수 있었습니다.

그다음 해부터 양육을 하기 시작했습니다. '당신은 행복하십니까?' 복음을 전했습니다. '예수님의 사람' 제자훈련을 시작했습니다. 한 사람, 한 사람을 붙잡고 기도하며 세우기 시작했습니다. 다음 해는 70명, 그다음 해는 80명, 그다음 해는 100명, 인원이 점차 늘어나기 시작했습니다. 사라졌던 어린이부, 청소년부가 생겨났습니다. 그렇게 올해 전반기에 실질적으로 액티브한 멤버들이 200여 명이 넘어가는 것을 보고 참으로 감사했습니다. 단지 숫자가 아니라 그 과정을 통해 예수님을 구주로 고백하는 자들, 예수님을 따르는 이들이 세워져갔기 때문입니다.

2016년부터 인도 선교를 하였고, 그 해 여름에 울하스나가르에 교회를 세웠습니다. 인도 전역에 15만 권이 넘는 만화성경이 보급되었습니다. 2018년에 첫 아이티 선교를 시작했고, 2019년에 첫 아이티 단기선교팀을 보냈습니다. 이정환, 김보현 집사님 부부를 통해 음악학교가 세워졌습니다. 180여 명의 학생들이 음악을 통해 주님을 알아가고 있습니다. 하나님께서 아름답게 이 교회를 회복시키시고 성장시키시는 모습을 보았습니다. 알고 보니 추수 때가 되려면 한참 지나야 하는 것이 아니었습니다. 이미 곡식이 익어 있었던 것입니다.

너희는 '넉 달이 더 지나야 추수 때가 된다'고 말하지 않느냐? 그러나 나는 너희에게 말한다. 눈을 들어 들판을 보라. 이미 곡식이 익어 추수할 때가 됐다. Do you not say, 'There are yet four months, then comes the harvest'? Look, I tell you, lift up your eyes, and see that the fields are white for harvest. 요 4:35 우리말성경, ESV

제자들이 보기에 사마리아는 아직 복음을 받아들일 준비가 되어 있지 않은 곳이었습니다. 그래서 그들은 동네에 들어가서 음식만 사고 복음은 전하지 않았습니다. 그런데 주님이 보시기에는 이미 곡식이 익어 거둘 사람을 기다리고 있었던 것입니다. 지난 8년간의 세월은 추수하는 시간이었습니다. 단지 양적인 숫자가 늘어난 것만이 아닙니다. 어릴 때 주님은 믿었지만, 나이 30세가 넘어도 세례를 거부하던 이들이 세례를 받고 양육을 받아 예수 그리스도를 주로 영접하는 이들이 있었습니다. 술주정뱅이가 변하여 술을 끊고 술이 아니라 진정한 주님을 따르게 되었습니다. 돈 신을 섬기던 이들이 돈을 종으로 만들어 하나님나라를 위해 흘려 보내는 이들이 되었습니다.

저는 지난 8년이라는 시간을 돌아보며 하나님께 참으로 감사할 수밖에 없습니다. 물론 힘든 시간들이 있었지만 힘든 시간들은 잘 기억이 나지 않습니다. 정말 행복하게 목회했습니다. 하나님께서 많은 영혼들을 보내주시고 변화시켜주시고 추수하게 하셨습니다.

그래서 저는 이 모든 것이 하나님의 은혜이면서 처음에는 제가 잘해서 그런 줄 알았습니다. 그런데 절대 그렇지 않았습니다. 제가 잘해서 된 것이 전혀 아니었습니다. 35절을 자세히 보시면 주님은 이미 곡식이 익어 있다고 했습니다. 이 사마리아인들이라는 곡식이 이미 익어 있었다는 말입니다. 이 말은 이들에게 복음의 씨를 심은 이들이 있었다는 말입니다. 제자들은 단지 추수했을 뿐입니다.

나는 너희를 보내서, 너희가 수고하지 않은 것을 거두게 하였다. 수고는 남들이 하였는데, 너희는 그들의 수고의 결실에 참여하게 된 것이다. 요 4:38 새번역

"너희가 수고하지 않은 것을 너희는 거두게 되었다. 너희는 그들의 수고의 '결실'에 참여하게 된 것이다." 제자들은 그저 남들이 뿌려 놓은 씨의 열매를 거둔 것뿐입니다. 그렇다면 질문은 이것입니다. "누가 이 척박한 땅에 복음의 씨를 뿌렸는가?" 본문은 그 심은 자들이 누군지 밝히지 않고 있습니다. 그러나 우리는 추정해볼 수 있

습니다. 3장에 보면 세례 요한과 제자들이 수가성에서 북동쪽에 위치한 살렘 근처에 있는 애논에서 세례를 주었다고 했습니다.

살렘 근처에 있는 애논에는 물이 많아서, 요한도 거기서 세례를 주었다. 사람들이 나와서 세례를 받았다. 요 3:23 새번역

그래서 학자들이 주장하기를 세례 요한과 그의 제자들이 갈릴리 남쪽이자 수가성의 북동쪽에 있는 애논까지 와서 세례를 베풀었다면 사마리아 지역에도 분명 복음을 전했을 것이라고 추정합니다. 또한 세례 요한이 복음을 전했을 것이라고 주장하는 또 다른 이유가 있습니다. 세례 요한은 주의 오실 길을 예비하는 자라고 했습니다. 그는 주님이 사마리아에 오시기 이전에 그 지역에 복음의 씨앗을 뿌렸던 것입니다. 그들은 기도하며 복음의 씨앗을 뿌렸을 것입니다. 그러나 그들은 거두지 못했습니다. 세례 요한은 감옥에 갇혀 죽임을 당했습니다.

그렇다면 그의 수고는 과연 헛된 것이었습니까? 아니라는 것입니다. 비록 그가 기대하고 살아 있을 때 모든 열매를 보지는 못했습니다. 하지만 그렇다고 해서 그들의 수고가 헛되었습니까? 결코 그렇지 않습니다. 왜냐하면 그 씨가 사람들의 심령에 제대로 뿌려졌다면, 때가 되면 열매를 맺을 것이기 때문입니다.

5 눈물을 흘리며 씨를 뿌리는 사람은 기쁨으로 거둔다. 울며 씨를 뿌리러 나가는 사람은 기쁨으로 단을 가지고 돌아온다.

시 126:5–6 새번역

9 선한 일을 하다가, 낙심하지 맙시다. 지쳐서 넘어지지 아니하면, 때가 이를 때에 거두게 될 것입니다. 갈 6:9 새번역

때가 되면 거두게 됩니다. 그 '때'는 카이로스요 하나님의 때입니다. 그가 정한 시기가 있습니다. 세례 요한과 제자들이 심었고 예수님과 그의 제자들이 거두게 되었습니다.

그러므로 '한 사람은 심고, 한 사람은 거둔다'는 말이 옳다.

요 4:37 새번역

저는 이 말씀을 묵상하고 준비하면서 깨달았습니다.

"지난 8년간의 세월은 하나님께서 이 교회에게 주신 추수의 때였구나. 하나님께서 거두게 하신 때였구나"라는 것을 알았습니다. 물론 장로님들, 권사님들, 집사님들과 성도님들의 수고가 참 많았습니다. 그러나 이 열매들은 결코 지난 몇 년간 몇몇 분들이 잘해서가 아닙니다. 우리 이전 세대의 누군가가 캔자스시티에 복음의 씨앗을 심었기 때문입니다. 이미 한국에서 여러분들에게 누군가 복

음의 씨앗을 뿌렸기 때문입니다. 그것을 저와 우리 교회가 거둔 것뿐입니다.

프랭크 도로시라는 목사님이 계셨습니다. 이 교회가 개척이 되고 애즈베리연합감리교회에서 예배를 드릴 때 힘을 써주신 분이 그분이셨다고 합니다. 그리고 이 교회 건물을 구매할 때에도 펀드를 받을 수 있도록 힘을 써주셨습니다.

튜박이라는 감리사님이 계셨습니다. 90년대에 이 교회가 어려울 때 매달 50불 이상을 헌금하시면서 감리사 은퇴 이후에도 이 교회를 위해 재정적으로 영적으로 힘을 보태어주셨습니다.

초대 목사님이신 전영호 목사님, 전해숙 사모님, 창립자이신 박창서 장로님, 이기해 권사님, 개척 초기 이분들의 수고와 헌신의 씨앗이 뿌려졌던 것입니다.

1993년에 이 교회가 지금의 자체 교회 건물을 구매한 이후 많은 빚을 졌습니다. 이때 성도들이 성전에 모여 기도하였습니다. 어려운 재정 속에서도 힘에 부치도록 건축헌금을 드렸습니다. 기록을 보니 90년대 초반 매주 헌금이 5천 불이 넘었습니다. 지금도 적은 금액이 아닌데 30년 전에 5천 불이라면 지금으로 치면 거의 2만 불에 가까운 헌금이지요. 그렇게 헌신적인 성도님들이 계셨기 때문에 우리가 건물에 대한 부담 없이 오직 목회와 선교에만 집중할 수 있었던 것입니다.

단지 재정만이 아닙니다. 교회를 위해 눈물로 기도하던 분들이 얼마나 많았습니까? 현재 우리 교회에 나오시는 분들의 90퍼센트 이상은 새로 오신 분들입니다. 타 주에서도 오시고 한국에서도 오셨습니다. 그리고 이 교회에 와서 성경을 읽기 시작한 분들, 기도하기 시작한 분들, 술과 담배를 끊고 주님 뜻대로 살고자 하는 분들이 있습니다. 선교에 관심이 없던 분들도 이전 교회에서 도전을 받다가 중앙교회에 오고 나서 비로소 본격적으로 선교에 참여하기 시작한 분들도 있습니다.

다시 말해 이 교회에 오기 이전에 여러분들을 위해 기도하신 분들이 많이 있었다는 것입니다. 그들의 수고가 있었기에 바로 이곳에서 그런 열매를 맺을 수 있었던 것입니다. 저는 그 분들이 누구인지 모릅니다. 그러나 하나님은 다 아십니다. 그들이 심고 물 주느라 수고했던 모든 시간들을 주님은 다 기억하십니다. 그리고 반드시 그들의 수고에 상을 주실 것입니다. 저는 그저 지난 8년간 그 분들의 기도와 수고의 결실을 거둔 것이라는 것을 깨달았습니다. 하나님께서 지난 8년간 너무나 귀한 결실들을 추수하게 하셨음에 감사를 드립니다.

그러나 한편으로 여전히 거두지 못하고 있는 열매들이 있습니다. 여전히 세상을 기웃거리며 세상을 더 사랑하여 바울을 버리고 주를 떠나간 데마와 같은 사람들이 있습니다. 머리로는 주님을 안다고 하지만 실상 순종은 없는 이들도 있습니다. 그들을 생각할 때마다 저와 아내는 마음이 너무나 아픕니다. 먼저는 우리가 주님과 같은 본이 되지 못하여 그렇습니다. 또 한편으로는 "주님, 그 씨앗의 열매가 맺히는 때가 언제입니까?"라고 주님께 묻게 됩니다. 언제 곡식이 익어서 거둘 때가 되는 것입니까? 언제 추수하게 되어 기뻐할 때가 오는 겁니까? 오늘 드리는 마지막 예배에 그 열매를 보지 못하는 것이 너무나 아쉽습니다.

그러나 저는 오늘 주님이 주신 말씀을 믿습니다. "한 사람은 심고, 한 사람은 거둔다." 저와 아내는 비록 그 모든 열매를 다 보지 못하고 한국으로 갑니다. 그러나 이 본당에서 새벽마다 금요일마다 주일마다 눈물을 흘리며 기도의 씨앗을 뿌렸습니다. 복음의 씨앗을 뿌렸습니다. 가정을 심방하고 직장을 방문하여 기도하며 기도의 씨앗을 심었습니다. 그래서 염려하지 않습니다. 좌절하지 않습니다. 낙망하지 않습니다. 왜냐하면 한 사람이 심었다면, 또 다른 한 사람이 거둘 것이기 때문입니다. 수고하지 않은 것을 거두는 이들이 있을 것이기 때문입니다. 거둘 때가 있을 것이기 때문입니다. 바라기는 송명철 목사님께서 그 결실을 보고 거두는 자가 되었으면 합니다.

사랑하는 여러분, 저는 이곳에서 거두는 사람으로서 8년을 보냈습니다. 하나님께서 귀한 열매를 얻게 하셨습니다. 그 열매들은 바로 여러분들입니다. 사도 바울은 빌립보와 데살로니가 성도들에게 고백합니다. 주께서 다시 오실 때 자신의 면류관이 여러분들이라고. 저에게도 여러분들이 저의 자랑이자 면류관입니다. 어떤 분이 "목사님, 저희가 면류관은 맞는데 가시 면류관이죠? 목사님을 찌르고 힘들게 하는 가시 면류관?"이라고 하셨는데, 여러분, 가시 면류관이 있어야 영광의 면류관, 생명의 면류관이 있는 것입니다.

야고보서 5장에 보면 농부가 이른 비와 늦은 비를 기다리며 귀한 소출을 기대한다고 했습니다. 지난 세월 목회하면서 제 마음이 꼭 그 농부와 같았습니다.

"주님, 이른 비가 와서 성도들의 마음이 부드러워지게 하소서. 복음의 씨가 들어가게 하소서. 주님, 늦은 비가 와서 성도들이 주님처럼 더욱 성숙하게 자라게 하소서. 미숙한 상태로 버려두지 마소서. 그리스도의 장성한 분량으로 성장케 하소서. 언제 이른 비와 늦은 비가 오는 겁니까?"

저는 농부의 심정으로 8년간 목회를 했습니다. 그런데 이번에 지난 8년을 돌아보면서 다시 야고보서 5장 말씀을 묵상해보니 새롭게 깨달은 것이 있습니다. 그 농부는 제가 아니라 바로 주님이셨습니다. 그리고 농부이신 주님이 기다리고 기다리던 열매가 바로 저였습니다. 주님은 이른 비가 내려 제 마음이 부드러워지고 누가 저를 들이받아도 용납해주고 품어줄 수 있는 마음 넓은 목자가 되기를 원하셨습니다. 또한 주님은 제 마음에 늦은 비가 내려 제가 주님의 성품으로 온전히 자라기를 원하셨습니다. 성도들이 저를 볼 때 제가 아니라 제 안에 계신 주님의 모습을 볼 수 있게 되기를 원하셨던 것입니다. '덕 있는 그리스도인들' 시리즈에서 다루었던 것처럼, 제 마음이

의심에서 믿음으로,

절망에서 소망으로,

무자비함에서 사랑으로

두려움에서 용기로,

방종에서 절제로,

인색함에서 너그러움으로,

교만에서 겸손으로,

위선에서 진실함으로,

조급함에서 인내로,

근심에서 기쁨으로 변화되기를 원하셨고, 그렇게 하셨습니다.

물론 아직 맺어야 할 열매가 많습니다. 그러나 지난 8년간 주께서 저와 아내를 이 교회에 심어주지 않으셨더라면 저런 열매들을, 덕들을 맺지 못했을 것입니다. 여러분들이 저의 열매요 면류관입니

다. 그러나 또한 제 자신이 주님이 기다리고 바라셨던 주님의 열매였던 것입니다.

저는 거두는 자였고 또한 심는 자였습니다. 그리고 이제 오직 성령에 매여 한국으로 갑니다. 마게도냐로 건너와서 우리를 도우라는 말씀에 순종하여 마게도냐로 간 바울처럼, 저희 가정은 이곳에 왔습니다. 그러나 성령께서 바울을 본국 예루살렘으로 인도하셨던 것처럼, 성령에 매여 한국으로 돌아갑니다. 저는 앞으로도 한국에서 심는 사람으로서 주님이 부르실 때까지 살아갈 것입니다. 예수님과 함께 동행하며, 다음 세대에게, 이웃에게, 북한에게, 온 열방에 복음과 기도의 씨앗을 심을 것입니다.

사랑하는 여러분, 여러분도 계속해서 심으십시오. 눈물을 흘리며 인내하며 기도와 복음의 씨를 뿌리십시오. 여러분의 때에 그 열매를 거두게 될 수도 있지만 아닐 수도 있습니다. 그렇다고 낙망하지 마십시오. 때가 되면 반드시 기쁨으로 단을 거두게 될 것입니다.

또한 여러분을 보내신 분의 뜻을 행함으로써 거두십시오. 이미 추수할 때가 되었습니다. 우리 눈에 보기에는 한참 남은 것처럼 보이지만 주님이 보시기에는 이미 익어서 거둘 때가 되었다고 하십니다. 인내하되 눈을 들어 익은 곡식을 거두십시오.

그리하여 한국에서, 미국에서, 온 열방에서 심는 사람과 거두는 사람이 되십시다. 다시 만날 날, 우리는 함께 기뻐할 것입니다. 천국에서 씨를 뿌리는 사람과 추수하는 사람이 "함께 기뻐할 것"이라는 오늘의 말씀을 실제적으로 누리게 되는 우리 모두가 되기를 주님의 이름으로 축원합니다.

우디와 데이빗

이렇게 마지막 설교를 전하고 성도들에게 말씀을 드리는데 갑자기 우디(Woody)라는 70대 후반의 여자 성도님이 자리에서 일어나 울먹이며 말씀하셨다.

"기도해주셔서 감사합니다. (목사님) 잘 가세요. 우리 애들 기도해주셔서 감사합니다. 잘 사세요. 몸 건강하고, 하나님 일하고…."

나는 그만 참았던 울음을 쏟고 말았다. 우디는 영어가 편한 분인데 한국말로 감사의 말을 전하신 것이다. 우디는 어릴 때 고아가 되어 미국인 남편을 만나 살다가 일찍이 과부가 된 분이다. 2015년 중앙교회의 옆 교회에 갔다가 그 교회에서 문전박대를 당하고, 우리 교회로 찾아오신 분이다. 교회 본당 로비에서 우디를 처음 만난 기억이 난다. 그 때 주님은 "다위야, 나는 이 교회가 이 과부의 안식처가 되어주면 좋겠다"라는 마음을 주셨다.

나의 할머니, 이달연 권사님은 40년 이상을 과부로 사셨다. 오직 예수님을 남편 삼으셨고, 날마다 기도로 사셨다. 그러므로 나에게 '과부'는 남이 아니라 가족이었다. 우디는 나의 할머니처럼 여겨졌다. 그 때부터 우디는 이 교회에 매주 출석하였다. 그리고 교회와 성도들을 위해, 무엇보다 나와 우리 가정을 위해 전심으로 기도해주는 중보자가 되어주셨다.

하나님은 나를 이곳 광야와 같은 캔자스에서 지극히 작은 자, 과부와 연약한 자를 돌보게 하시고 가난한 자들의 삶에 참여하게 하셨다. 우디는 그중에 한 분이다. 어두컴컴한 우디의 집, 잡동사니가 널브러져 있는 마루, 음식을 아끼다가 버리지 못해 유통기한이 지나도록 쌓여 있는 일회용 음식들. 나는 아무리 목회가 바빠도 한 달에 꼭 두 번 정도는 우디의 집을 찾아갔다. 우디는 내게 목회자의 양심을 민감하게 깨어 있게 하고, 지극히 작은 자를 향한 하나님의 마음을 깨닫게 해주는 분이었다.

우디가 우리 교회에 오신 지 1년이 되지 않았던 어느 날, 우디가 내게 문득 이런 말을 한 적이 있다.

"데이빗(그녀는 늘 나를 데이빗이라고 불렀다), 내가 환상을 보았어. 네가 수천 명의 사람들 앞에서 설교하는 모습을 보았어. 너는 언젠가 때가 되면 하나님이 그곳으로 데려가실 거야."

"무슨 소리예요? 제가 가긴 어딜 가요? 하나님이 날 이곳에 부르셨고, 심으셨어요. 이곳이 제 선교지예요."

나는 그렇게 말하고 넘겼지만, 사실 우디의 말을 잊지 않았다. 그런데 우디가 갑자기 일어나서 울자 순간 지난 몇 년의 세월들이 스치듯 지나갔다. 그리고 그녀의 말이 실제가 되었다. 그것은 그녀의 예언이었다. 그녀는 이미 몇 년 전부터 이 사실을 알고 있었다. 내가 가게 될 것을.

　우리 가정이 한국에 가게 되었을 때 우디는 정말 많이 울었다. 나는 그녀를 나의 어머니처럼 보살폈고 그분도 나를 자식처럼 사랑해주셨다. 그러니 자식을 보내는 어미의 마음과 같았을 것이다. 가야 한다는 것을 알면서도 보내기 어려운 그 마음. 그 마음을 아니까 나도 눈물을 참을 수가 없었다.

　"부디, 주 안에서 늘 건강하세요. 그동안의 기도와 진심어린 사랑에 감사했어요."

리더십의 무게.

수고하고 무거운 짐 진 자들아 다 내게로 오라 내가 너희를 쉬게 하리라

마 11:28

2021년 8월 12일, 온 가족이 한국에 도착했다. 교회의 장로님들과 목사님들이 인천 공항에서 프랭카드를 들고 분에 넘치는 환영과 환대를 해주셨다. 교회의 배려와 사랑, 많은 기도 덕분에 나와 아내, 세 자녀 모두 한국에서 순조롭게 적응할 수 있었다. 정착 기간을 가진 이후, 2021년 11월 1일에 부임하여 하나님과 함께하는 비범한 여정을 시작했다.

이듬해 선한목자교회에 부임한 이후 첫 전 교직원 수련회를 갔을 때였다. 마지막 날에 서로에게 카드를 써주는 시간이 있었는데, 몇몇 분들이 내게도 카드를 써주셨다. 어떤 분이 익명으로 이렇게 쓰셨다.

"김다위 목사님, 목사님께서 선한목자교회 차기 담임으로 부

임하신다는 이야기를 들었을 때 저의 첫 마음은 참 불쌍하다고 생각했습니다. 중압감과 여러 도전에 직면해야 하는 자리이기 때문에 그랬던 것 같습니다….”

위험한 자리

그렇다. 담임자라는 목양의 자리는 수많은 영혼들을 책임져야 하는 자리이기에 사실 '위험한' 자리다. 이 자리는 목자를 쳐서 양떼를 흐트러지게 하는 마귀의 유혹과 공격이 끊이지 않기 때문에 '험난한' 자리다.

2020년 초 팬데믹이 터지기 직전, 미국 캔자스시티에 있는 한인 목회자 정기모임에 참석했다가 목사님들과 대화를 나눈 적이 있었다. 어느 목사님이 먼저 말을 꺼내셨다.

"저는 대형교회를 맡지 않은 것이 참 감사해요. 그 많은 영혼에 대한 책임을 주께서 물으실 텐데, 나중에 그것을 어떻게 감당하겠습니까? 히브리서 13장에 보면 영적 지도자들은 나중에 자신들의 양떼들을 목양한 것에 대해 하나님께 보고해야 되는데, 그 많은 양떼들 중에서 거듭나지 못하고 둘째 사망을 맞이하는 자들이 있다면, 주님이 그 일에 대해 큰 책망을 하시지 않겠습니까?"

다소 분위기가 무거워졌다. 그 때 다른 목사님들이 동의해주섰다.

"맞아요, 맞아요. 저에게 맡겨진 양들이 많지 않아서 참 다행이에요."

지금 되돌아보니 이제 내가 그 위치에 서게 되었다. 이는 사실 나의 힘으로 도저히 감당할 수 없는 자리다. 하지만 누군가에게 리더십의 권위가 주어졌다면 이 또한 하나님의 섭리다. 하나님께서 그 사람에게 맡겨주신 사명이 있기 때문이다. 하나님의 허락하심이 없이는 어떠한 권위도 주어지지 않는다(롬 13:1).

영적 리더의 결정과 책임

2018년 10월 30일, 나는 캔자스시티 근처에 있던 해리 트루먼(Harry S. Truman, 1884-1972, 미국 제33대 대통령) 박물관을 방문한 적이 있다. 트루먼 대통령은 미국 내에서도 공화당과 민주당, 양당 모두로부터 가장 위대한 대통령 순위 7,8위로 평가받는 대통령이다.

물론 그는 히로시마와 나가사키에 원자폭탄 투하를 결정한 것으로 많은 비판을 받는다. 하지만 그의 결정은 우리가 일제로부터 해방되는 데 큰 영향을 끼쳤다. 또한 트루먼 대통령은 한국전쟁과 뗄 수 없는 관계이다. 그가 바로 한국전쟁 때 미군 파병을 승인한 대통령이기 때문이다. 그의 파병 조치가 아니었다면 아마 한국은 북한에 의해 적화통일이 되었을지도 모른다.

그 박물관에 갔을 때 나는 훈장과 낡은 편지 그리고 그 밑에 함께 쓰인 '지휘의 무게'(The Burden of Command)라는 글을 보았다. 거기에는 이렇게 쓰여 있었다.

한국전쟁은 54,000명 이상의 미국인과 수백만 명의 한국인과 중국인의 목숨을 앗아갔다. 미국의 손실이 늘어가면서 트루먼의 리더십에 대한 의문이 제기되었다. 전쟁 말기에 트루먼은 한국에서 전사한 미군 병사들의 친지들로부터 여러 통의 쓰라린 편지를 받았다. 그 부모들은 전사한 아들에게 수여된 메달들을 전쟁에 대한 항의의 표시로 동봉하였다. 조지 배닝(George Banning)은 북한 지역에서 복무 중 사망했다. 그의 아버지는 트루먼에게 죽은 아들에게 수여된 퍼플 하트(Purple Heart) 훈장을 보냈다. 1972년 대통령이 사망한 후, 박물관 직원은 트루먼 도서관의 대통령 사무실 책상에서 메달과 배닝의 편지를 발견했다.

한국인들에게는 한국전쟁에 미군 파병을 결정한 트루먼 대통령의 선택이 세기의 흐름을 바꾸는 중요한 순간이었다. 그의 결단으로 인해 당시 살아남은 한국인들의 후손들의 숫자를 합친다면, 아마 수천만 명이 넘지 않겠는가? 그러나 트루먼의 이 선택이 모두에게 긍정적인 결과를 가져다준 것은 아니었다.

한국전쟁에서 사랑하는 아들들을 잃은 수많은 부모들에게 그것은 죽음의 선택이요, 사랑하는 자녀를 희생제물로 요구하는 국가적 결정이었다. 트루먼은 항의의 표시로 다시 반송된 그 메달들과 부모들의 편지를 자신의 집무실 책상에 넣어두었다. 아마 중차대한 결정을 내릴 때마다 숭고한 영혼들을 기억하고, 그들의 고귀한 희생과 헌신을 잊지 않으려는 이유 때문이었으리라.

나는 잠시 그곳에서 발길을 멈추지 않을 수 없었다. 이 '지휘의 무게'가 곧 리더십의 무게요, 리더십의 책임이기 때문이다. 아무리 리더가 선한 동기로 결정했을지라도 그 결과가 항상 좋을 수는 없고, 결과가 좋더라도 모든 이들에게 100퍼센트 좋은 결과가 되지 않을 수도 있다.

특히 영적 리더는 한 영혼의 평생이 아닌 영원을 책임지는 자다. 잘못된 결정과 선택은 그 영혼을 천국 또는 지옥으로 인도할 수도 있다. 그러나 하나님의 뜻이라고 분별되는 일에는 담대하게 결정해야 한다. 그러므로 매일 매 순간 하나님의 은혜의 손길을 의지하지 않는다면, 이 영적 리더십의 역할을 제대로 감당할 수 없으며 감당해서도 안 된다. 하나님의 종은 하나님의 관점에서 영원의 관점에서 현재를 더 넓고 더 높이 바라보는 관점의 성숙을 이루도록 힘써야 한다. 리더십의 결정이 가져올 영적이고도 영원한 파급 효과가 무엇인지 볼 수 있는 통찰력을 주님께 구해야 한다.

앞으로 수많은 결정들을 내려야 할 텐데, 하나님은 훗날 그 결정들에 대해서 내게 책임을 물으실 것이다. 특히 주님께서 맡기신 영혼들에 대한 책임이다. 사실 나는 중앙교회를 섬길 때에도 혹여나 성도들 중에 구원받지 못하는 이들이 있으면 어쩌나 노심초사하며 기도하곤 했다. 그러나 이제는 비교할 수 없이 많은 주님의 양떼들이 내게 맡겨졌다. 정말 우리 교회 성도들 중에 거듭나지 못하고 둘째 사망을 맞이하는 이들이 있으면 어떻게 해야 하는가? 영원한 왕이신 주님 앞에 결산할 날이 반드시 온다. 나는 이것을 매주 생각하며 기도한다.

"주님, 오늘 이 자리에 예배하러 나온 분들 중에 거듭나지 않은 채 그냥 마당만 밟고 가는 자들이 없게 하소서. 주 예수 그리스도와 복음을 듣고 회개하고 거듭나서 영원한 생명을 얻고 주의 자녀로 살아가게 하소서!"

리더십의 무게를 지는 법을 가르치소서

다윗이 암양을 돌볼 때나 이스라엘의 목자가 되었을 때나 그는 '한결같은 마음'으로 돌보았다고 했다. 그는 사자나 곰이 와서 새끼 한 마리라도 물어가면 쫓아가서 그 입에서 새끼를 건져내곤 했다. 한 마리의 양도 경히 여기지 않고 목숨처럼 사랑한 목동이 다윗이다. 그리고 그 마음이 이스라엘 백성의 목자가 되어서도 변치 않았다. 이것이 내가 주님께 드리는 기도이다.

"교회가 크든 작든 규모와 상관없이, 누가 보든 보지 않든 늘 한결같이, 지극히 작은 자를 내게 맡겨주신 양으로 여기고 진실되게 사랑하는 목자가 되게 하소서."

결코 쉬운 일이 아니고 나의 힘으로는 감당할 수 없다. 하지만 늘 낮고 겸손한 마음으로 주님과 동행할 때 주께서는 감당할 능력도, 품을 수 없는 자도 품을 수 있는 사랑도 부어주신다. 그러므로 주의 양을 맡은 목자는 무거운 짐을 주님께 맡기고, 주님과 함께 겸손히 동행하며 주님으로부터 리더십의 무게를 지는 법을 배워야 한다.

28 수고하고 무거운 짐 진 자들아 다 내게로 오라 내가 너희를 쉬게 하리라 29 나는 마음이 온유하고 겸손하니 나의 멍에를 메고 내게 배우라 그리하면 너희 마음이 쉼을 얻으리니 30 이는 내 멍에는 쉽고 내 짐은 가벼움이라 하시니라 마 11:28-30

5W 비전의 시작。

오직 성령이 너희에게 임하시면 너희가 권능을 받고 예루살렘과 온 유대와 사마리아와 땅 끝까지 이르러 내 증인이 되리라 하시니라 행 1:8

청빙 수락을 하고 나서 기도를 하며 받은 비전이 5W였다.

With Jesus Like Jesus 예수님과 동행하고 닮아가며
With Next 다음세대와 함께하고,
With Neighbors 소외된 이웃들, 한국 교회와 함께하며,
With North 한 민족인 북한과 함께하며,
With Nations 세계 열방과 함께하는 선교적 공동체.

예수님과의 동행을 기초로, 예수님의 성품을 닮아가며, 4개의 'N' 영역에 하나님나라가 임하도록 하는 선교적 공동체를 꿈꾸게 되었다.

모세를 이은 여호수아가 이미 하나님이 주신 가나안 땅을 밟으며 하나님의 나라를 회복했던 것처럼 하나님께서 예수동행의 기초 위에 이제는 선교 완성을 향해 열방으로 뻗어나가기를 원하신다는 마음을 받았다.

복음 통일 : 한국 교회의 시대적 사명

특별히 선한목자교회는 민족 성전을 기치로 세워진 교회이다. 그와 더불어 한국 최초의 탈북청소년을 위한 학교인 '하늘꿈학교'가 선한목자교회 부지 위에 세워져 있다. 남과 북을 연결하는 학교가 교회의 땅 위에 세워진 것은 결코 우연이 아닌 하나님의 필연이요 섭리다. 그 정도의 부지라면 적어도 교육관이나 주민들을 위한 센터나 주차타워도 지을 수 있었을 것이다. 그러나 북한을 품기 위해 그 땅을 내어준 것이다. 누군가는 그 작은 땅이 어떻게 북한을 품은 것이냐 할지도 모른다. 하지만 그렇지 않다. 하나님께서 아브라함에게 가나안 땅을 주신다고 약속하셨는데, 아브라함이 죽기 전에 받은 것은 막벨라 굴이 전부였다. 그러나 하나님이 정하신 때가 되었을 때, 하나님은 정말 가나안 땅을 아브라함의 후손들에게 주셨다. 나는 기도한다.

"주님, 막벨라 굴 같은 그 땅을 사용하셔서 민족 복음 통일의 발판으로 삼아주소서."

복음 통일은 한국 교회가 져야 할 시대적 사명이다. 내가 2003년 12월 처음으로 이 교회의 땅을 밟은 지 이제 21년이 되었다. 나는 여전히 하나님께서 왜 나같이 연약하고 흠이 많은 자를 부르셨는지 잘 이해가 되지 않는다. 나보다 더 유능하고 말 잘하고 연륜 있고 경험 많은 분들이 수두룩하기 때문이다. 그러나 2022년 2월, 교회 사랑 기도회를 위한 말씀을 준비하면서 주님이 이런 마음을 주셨다.

"다위야, 너도 2003년부터 지난 교회의 역사를 보았잖아. 내가 어떻게 이 교회에서 역사했는지 기억하지? 마치 여호수아가 모세와 함께 있으면서 하나님께서 유월절을 통해 각 가정들을 건지시고 홍해를 가르셔서 출애굽하게 하신 그 역사를 보았던 것처럼 너도 보았잖아. 하나님께서 어떻게 광야에서 먹이시고 입히시고 인도하셨는지 너도 보았잖아. 내 사랑하는 종이 어떻게 하나님께 믿음으로 반응하려 했는지 너도 보았잖아. 이제는 네 차례다. 너로서는 할 수 없으나 너는 나만 믿으면 돼. 내 말에만 귀를 기울이고, 좌로나 우로나 치우치지 말고 따라오면 돼. 네가 사람들을 이끌려고 하지 마. 네가 나를 믿음으로 하나님나라를 구하며 따라오면 되는 거야."

그렇다. 오직 주 예수님과 항상 동행하면 된다. 주님만 주목하고 신뢰하면 된다. 하나님의 부르심에는 후회가 없으시기 때문이다. 모든 일에는 우연이 없고 하나님의 섭리 가운데 있기 때문이다.

교회를 살리는 교회, 생명수가 흘러가는 교회

2022년 한 해를 유기성 목사님과 함께 요한복음으로 말씀을 전하였다. 그 때 요한복음을 묵상하다가 4장에 이르렀을 때 이 교회를 향하신 하나님의 크신 계획과 섭리를 발견하게 하셨다. 요한복음 4장에서 예수님은 사마리아 여인을 우물가에서 만나신다. 성경에서 우물은 신랑과 신부가 만나는 장소다. 이삭도, 야곱도, 모세도 모두 신부를 우물에서 만났다. 즉 선한목자교회라는 이름은 우연히 주신 이름이 아니다. 선한 목자이신 주님께서 신부인 우리를, 그리스도인들을 여기서 만나시겠다는 뜻이다. 그러니까 이 곳은 바로 영적 우물과 같은 곳이다.

이 교회는 본당을 짓기 위해 지하 5층 깊이로 깊숙이 파내려 갔다. 건축 사진을 본 적이 있는데, 그것은 흡사 커다란 우물이었다. 교회는 생명의 우물이다. 그리고 주님은 생명수다. 우물에 선한 목자 되신 주님이 오신 것이다. 선한목자교회가 세워진 곳은 복정동이라는 곳이다. 교회 근처 영장산에 가다보면 복정동에 대한 설명이 이렇게 되어 있다.

"복정동은 예로부터 맑은 물이 솟아나 기나긴 가뭄에도 마르지 않고 자손 대대로 복을 받는다는 복 우물에서 유래된 마을입니다."

복정(福井), 복 있는 우물이다. 신학적으로 해석하면 요한계시록 마지막에 신랑과 신부의 혼인식이 나온다. 신랑이신 주님과 신부인 그리스도인들이 만나는 곳이 우물인데 이 교회가 바로 그런 곳임을 알게 되었다. 그리고 진정 순결한 주님의 모든 교회가 다시 오실 주님을 만나는 것이 아니겠는가? 기도하면서 하나님의 섭리가 느껴졌다.

"온 열방에 다시 오실 주님, 신랑이신 주님을 증거하고 만나게 할 그 통로로 교회를 택하셨구나. 이 교회의 나눔과 선교를 통해 생명수가 전 세계로 흘러갈 것이구나."

나는 이 교회가 교회를 살리는 교회, 복의 생명수가 열방으로 흘러가는 교회가 되기를 기도하고 있다. 어느 한 교회만이 아닌 주님의 모든 교회가 건강히 세워져야 한다. 선한목자교회는 선한 목자 되신 주님과 항상 동행하며 닮아가는 교회, 그리하여 죽어가는 교회를 살리고 회복시키는 사명이 주어졌다. 진정 잃어버린 한 영혼을 귀히 여기는 교회, 교회의 울타리에 갇히지 않고, 교회의 담장을 넘어 타자를 위해 존재하는 선교적 공동체가 되기를 소망한다.

하나님의 섭리를 성취하시는
임마누엘 하나님

하나님의 섭리에 대해 이야기했지만, 그 신비는 여전히 나를
감싼다. 내가 경험한 하나님의 섭리는 무수한 밤하늘의 별들 중
하나일 뿐이며, 그분의 은혜는 밤하늘 가득히 빛나는 별빛처럼
다 담아낼 수가 없다. 내가 경험한 섭리는 끝없이 펼쳐진 산맥의
한 작은 봉우리일 뿐이며, 그분의 은혜는 끝없이 이어지는 산맥
처럼 다 헤아릴 수 없다.

주님과 나 사이의 직물 짜기

그러나 하나님의 섭리를 이야기할 때, 삶의 고통 가운데 있는
사람들에게는 그 주제가 오히려 상처가 될 수도 있다. 하지만 짐
엘리엇의 아내인 엘리자베스 엘리엇의 글은 하나님의 섭리를 이해
하는 데 도움이 될 수 있다. 그녀의 책《고통은 헛되지 않아요》
(Suffering is Never for Nothing, 두란노)에서 엘리자베스는 독자들
에게 사자가 없는 다니엘의 이야기를 상상해보라고 묻는다. 또
한 구덩이에 던져지지 않고 모든 시련과 환난이 삭제된 요셉의
이야기를 떠올려보라고 묻는다. 풀무 불에 들어가지 않은 사드

락과 메삭, 아벳느고의 이야기는 상상할 수 없다. 하지만 많은
이들이 이런 고통 없는 삶을 원한다. 슬픔도, 고난도, 애통함도
없기를 원한다.

그리고 그녀는 자신의 질문에 스스로 이렇게 답한다.

전혀 그렇지 않습니다. 왜냐하면 우리는 이야기의 결말을 알기 때
문입니다. 모든 이야기가 영광으로 끝납니다. 이야기의 결말을 알
기에 모든 상황을 바라보는 나의 시각도 변형된 것입니다. … 최상
의 열매는 가장 철저한 가지치기에서 나옵니다. 가장 순수한 금은
가장 뜨거운 불에서 나옵니다. 내 인생의 가장 깊은 교훈들은 하나
같이 가장 깊은 물을 통과할 때 찾아왔습니다. 가장 큰 기쁨은 가장
큰 슬픔에서 나옵니다. 그리고 생명은 죽음에서 나옵니다.

그러면서 그녀는 그랜트 콜팩스 털러(Grant Colfax Tuller)가 쓴
'The Weaver'(직물 짜는 분)이라는 제목의 시를 소개한다.

내 인생은 주님과 나 사이의 직물짜기이다

나는 색을 고를 수 없지만 그분은 꾸준히 일하신다

종종 그분은 슬픔을 직조하시고,

나는 어리석게도 교만 속에서

그분은 윗면(the upper side)을 보시며

나는 아랫면(the under side)을 본다는 걸 잊어버린다

베틀이 조용해지고 북이 멈출 때에야,

하나님께서 천을 펼쳐 모든 이유를 설명하실 것이다

그분이 계획하신 무늬 속에서 금색실과 은색실만큼

직공의 능숙한 손에는 어두운(dark) 실도 필요하다

그분은 아신다, 그분은 사랑하신다, 그분은 돌보신다

어떤 것도 이 진리를 흐리게 할 수 없다

그분은 자신과 함께 걷기로 선택한 사람들에게

가장 좋은 것을 주신다 *

---

* https://hymnary.org/person/Tullar_Grant 저자 번역. 엘리자베스 엘리엇의 책에는
시의 마지막 단락이 빠져 있다.

하나님의 섭리적 손길, 그 신실하심

우리는 우리의 삶에 왜 원치 않는 고통과 같은 어두운 실들이 금색과 은색실보다 많은지 깨닫지 못한다. 요셉도 자신이 왜 노예로 팔려야 했는지, 왜 억울한 누명을 써야 했는지 제대로 알지 못했다. 베드로는 왜 예수님이 자꾸 죽어야 한다고 하셨는지 그때는 알지 못했다. 심지어 사탄조차도 예수님을 죽이면 모든 것이 끝이라고 생각했지, 그것이 인류를 위한 구원의 길이 열리는 것임을 전혀 알지 못했다.

마찬가지로 우리에게 일어나는 모든 일은 온유하고 겸손하신 직물 짜는 분의 손에 의해 한 치의 오차도 없이 일어난다. 비록 하나님께서 직물을 짜실 때, 우리 눈에는 직물의 아랫면만 보이기에 우리 인생의 아름다움을 전체적으로 볼 수 없고 희미하게 볼 뿐이다. 그래서 때로는 구멍나고 찢어진 실패한 인생이 될까 봐 불안해한다. 그러나 모든 일은 그분의 영원하신 계획에 절묘하게 맞아떨어진다. 하나님의 섭리적 손길은 마지막 날이 되어서야 선명히 볼 수 있는 놀라운 작품을 이루기 위해 오늘도 신실하게 베를 짜며 성취하고 계신다.

예수님은 하나님의 뜻에 따라 우리에게 영생을 주시기 위해 오셨고, 기약대로 죽으셨고 살아나셨다. 그리고 약속하신 대로 다시 오실 것이다. 그러므로 우리는 그 어떤 것도 두려워하지 말고, 하나님의 섭리적 손길에 우리 자신을 철저히 맡겨야 한다. 우리의 삶 가운데 벌어지는 일들이 해석되지 않아도, 우리는 여전히 주님을 호산나 외치며 찬양할 수 있고 감사할 수 있다. 고통과 환난 중에도 여전히 주님은 만유의 주이시기 때문이다.

섭리의 손길이 우리의 일상을 붙드신다

주님은 일상의 매 순간 모든 일 안에서 언제나 우리와 함께하신다. 주님은 모든 사건 속에 현존하시기 때문에 이 땅에서도 미리 낙원을 맛볼 수 있다. 주님은 섭리의 손길을 통해 일상 속에서 언제나 우리를 붙잡아주신다. 그 때 우리는 자신의 뜻과 계획을 내려놓고, 그저 그분의 손길에 손 내밀면 된다.

어릴 적 아버지가 트럭에 탈 때 하나님은 외삼촌을 통해 섭리의 손길을 내미셨다.

"오늘은 수요일 아이가? 저녁 묵고, 수요예배도 드리고 내일 아침 일찍 올라가거라."

　"밥 먹자", "예배 드리자" 이것은 모두 일상에서 들려오는 말들
이다. 너무나 평범해 보였지만, 그 말씀은 곧 하나님의 말씀이었
고 구원의 섭리적 손길이었다. 주님은 언제나 우리의 일상 가운
데 우리와 함께하시며 함께 가자고 손 내미신다. 우리와 함께하
시는 하나님, 곧 임마누엘이 그분의 이름이다.

참고도서

1 크리스천 스미스, 《Soul searching》(Oxford University Press, USA, 2009)

2 제럴드 싯처, 《하나님의 뜻》(성서유니온선교회, 2020)

3 조나단 에드워즈, 《구속사》(부흥과개혁사, 2007)

4 김외식, 《나의 삶과 목회》

5 박완서, 《한 말씀만 하소서》(세계사, 2004)

6 로이드 존스, 《로마서 강해》(CLC, 2015)

7 A. W. 토저, 《하나님의 선지자가 되라》(규장, 2022)

8 유기성, 《나는 죽고 예수로 사는 사람》(규장, 2008)

9 스탠리 하우워스, 윌리엄 윌리몬, 《하나님의 나그네 된 백성》(복있는사람, 2018)

10 엘리자베스 엘리엇, 《고통은 헛되지 않아요》(두란노, 2019)

섭리하심

초판 1쇄 발행	2024년 8월 20일		
초판 2쇄 발행	2024년 8월 23일		
지은이	김다위		
펴낸이	여진구		
책임편집	안수경 김도연		
편집	이영주 박소영 최현수 김아진 정아혜		
책임디자인	마영애 조은혜 | 노지현 이하은		
홍보 · 외서	진효지		
마케팅	김상순 강성민	마케팅지원	최영배 정나영
제작	조영석 허병용	경영지원	김혜경 김경희

303비전성경암송학교 유니게 과정
이슬비전도학교 / 303비전성경암송학교 / 303비전꿈나무장학회

펴낸곳	규장

주소 06770 서울시 서초구 매헌로 16길 20(양재2동) 규장선교센터
전화 02)578-0003   팩스 02)578-7332
이메일 kyujang0691@gmail.com   홈페이지 www.kyujang.com
페이스북 facebook.com/kyujangbook   인스타그램 instagram.com/kyujang_com
카카오스토리 story.kakao.com/kyujangbook
등록일 1978.8.14. 제1-22

책값 뒤표지에 있습니다.
ISBN 979-11-6504-550-0 03230

규 | 장 | 수 | 칙

1. 기도로 기획하고 기도로 제작한다.
2. 오직 그리스도의 성품을 사모하는 독자가 원하고 필요로 하는 책만을 출판한다.
3. 한 활자 한 문장에 온 정성을 쏟는다.
4. 성실과 정화을 생명으로 삼고 일한다.
5. 긍정적이며 적극적인 신앙과 신행일치에의 안내자의 사명을 다한다.
6. 충고와 조언을 항상 감사로 경청한다.
7. 지상목표는 문서선교에 있다.